AF229903

VIE

DE

RICHARD-LENOIR

Caen. — Imprimerie E. Poisson.

VIE

DE

RICHARD-LENOIR

PAR

JULIEN TRAVERS

PARIS

DEZOBRY, F^d TANDOU ET Cie

RUE DES ÉCOLES, 78

MAI 1863

VIE

DE

RICHARD-LENOIR

L'empereur Napoléon III excelle à causer des surprises : frapper par l'imprévu est une des formes de son-génie. Aussi, dès qu'une occasion solennelle lui semble propice à la manifestation de ses desseins, l'Europe entière est-elle attentive : chaque parole est commentée selon les craintes et les espérances ; et comme rien n'est aussi grave qu'un mot dont les conséquences peuvent troubler la paix du monde, on est heureux quand la sérénité du discours annonce le calme de la politique, et l'on applaudit à toute mesure qui doit rassurer les esprits, satisfaire à quelques besoins de l'Empire, ou répondre à des instincts populaires.

C'est un de ces instincts que Napoléon III a pressenti le jour de l'inauguration du boulevard du Prince Eugène. Alors que personne ne s'y attendait, il a pris dans la foule un de ces hommes qui furent grands par le cœur non moins que par l'intelligence ; il a choisi dans le peuple un de ceux qui n'ont vécu que pour le peuple, et qui luttèrent avec une infatigable énergie pour affranchir la France des tributs qu'elle payait à l'industrie étrangère ; il a fait un acte éclatant de justice en proclamant un nom quelque peu oublié, même dans les ateliers fondés par celui qui le porta, le nom désormais immortel de Richard-Lenoir.

L'initiative impériale a fait rechercher les détails sur la vie de cet industriel, et un article de Louis Du Bois, dans le Supplément de la *Biographie universelle*, un autre de Fayot dans les *Hommes utiles*, ont tout d'abord défrayé les journalistes. Nous avons une source plus abondante, pour le récit que nous entreprenons, et dans les Mémoires dictés par Richard-Lenoir à la fin de sa carrière, et dans les souvenirs des personnes qui l'ont connu. Les Mémoires surtout seront mis par nous à contribution ; nous nous attacherons souvent à les résumer, nous ne nous ferons point faute de les copier quand nous ne verrons pas de profit à les abréger ; nous tâcherons d'y saisir le caractère de l'homme, la pensée constante de l'industriel, ses travaux, ses luttes, ses prospérités et ses revers, ses retours de fortune et ses épreuves diverses, le sentiment patriotique qui le soutint dans toutes ses entreprises, et sa chute dernière, qui fut aussi la fin du premier Empire. Faire connaître cette vie de courage opiniâtre, de labeur persévérant, de désintéressement admirable, de dévouement sans relâche à ses frères des classes souffrantes et nécessiteuses, nous paraît une œuvre morale, et nous l'entreprenons dans l'espoir d'être utile : l'exemple n'est-il pas le plus fécond des préceptes ?

Jacques Richard était sur la ferme d'*Outre-l'Eau*, connue par corruption sous le nom de *Trelat*, dans la commune d'Epinay, arrondissement de Caen. Cette ferme, aux bords de l'Odon, appartenait à un chevalier de Malte, M. de Guernon-Ranville, oncle de celui qui fut ministre en 1830 : François Richard y naquit le 16 avril 1765.

La misère était grande alors dans nos campagnes : on vivait de sarrasin, on s'habillait de droguet, et l'on ne connaissait guère le luxe des souliers : les dîmes, les redevances de toute espèce, les droits de la gabelle, écrasaient le paysan et lui ôtaient jusqu'à l'espérance.

François Richard fut élevé sans plus de soin que les autres enfants de son village ; mais un observateur attentif l'eût remarqué parmi eux à sa turbulence, à l'activité de son imagination, créant des jeux, se montrant à la fois espiègle et calculateur, dévoré d'une activité qui le portait aux projets féconds, aux spéculations aventureuses.

A sept ans, il s'ingéniait à se faire un capital, et ne croyait pouvoir le demander qu'à la terre. Ayant obtenu de son père un carré de jardin abandonné, il le retourna de son mieux, l'ensemença et fut mal payé de ses soins. Une circonstance le fit recourir à une autre culture.

Un de ses oncles lui donna six noix pour ses étrennes : elles étaient fort belles ; il en mangea une et la trouva excellente. L'idée lui vint aussitôt de multiplier les cinq autres en les semant. Malheureusement la gelée avait durci la terre, qui ne s'amollit qu'au bout de six semaines. Ce retard ne fit qu'accroître la fièvre de spéculation dans l'enfant. Il voyait d'avance ses noyers grandir, il cherchait où il pourrait en loger les récoltes, et craignait que la grange ne fût trop petite. Gourmand de sa nature, il résista au désir de manger ses cinq noix ; mais quand il les eut confiées à la terre, il attendit longtemps qu'elles germassent et sortissent ; il les couva de l'œil pendant deux ou trois ans, et finit par les oublier pour des spéculations d'un résultat moins lointain. Quand ses noyers donnèrent des fruits, il n'était plus là pour les recueillir ; mais il se souvint de sa plantation lorsque son frère, longtemps après, lui montra ces beaux arbres dont il tirait de remarquables profits. Ils ont survécu à celui qui les sema, et attesté un des premiers actes de sa prévoyance.

A huit ans, François Richard fut attaqué de rhumatismes dus au contact de sa vieille grand'mère, avec laquelle il couchait ainsi que son frère. Sur le conseil du médecin, on fit aux deux enfants un lit dans l'écurie, et les douleurs aux articulations cessèrent, et Richard devint très-actif et très-robuste.

Son père, ayant quitté sa ferme pour celle de Villy, avait mis François à l'école, et l'occupait dans l'intervalle des classes ; il craignait une inaction qui eût été féconde en espiégleries : souvent il le chargeait de protéger un champ de sarrasin contre l'invasion des volailles.

On voit encore ce champ bordé d'une haie vive ; tout près, un bouquet de chênes et une pièce d'eau offraient aux voyageurs le moyen de s'abriter et de rafraîchir leurs chevaux. Les Bocains, ou habitants du Bocage normand, se reposaient dans ce lieu quand ils venaient à Villy chercher de la chaux, et souvent ils y faisaient un repas composé de leurs frugales provisions.

Un jour que trois Bocains assis sur l'herbe, à l'abri de la chênaie, déjeunaient avec des œufs durs, qu'ils assaisonnaient de sel blanc étalé sur un lambeau de linge, cinq employés de la gabelle se présentent soudain, font main basse sur le sel, et se préparent à saisir la charrette de chaux et son attelage. Pendant que, insensible au désespoir des Bocains, l'un des employés dresse le procès-verbal, Richard, âgé de neuf ans à peine, montant la garde contre les poules, voyait la scène et brûlait de jouer un tour aux *gabeloux*. Il aperçoit des écureuils qui se battaient et sautaient de branche en branche avec une admirable souplesse ; il appelle sur ce piquant spectacle l'attention des suppôts de fisc, qui n'ont bientôt plus d'yeux que pour cette bataille aérienne. Pendant que leur chef verbalise sans la moindre distraction, Richard feint de poursuivre ses volailles, s'empare adroitement du sel et le disperse dans la haie.

Le combat des écureuils finissait en même temps que le procès-verbal ; il ne restait plus qu'à peser le sel ; mais le corps du délit était absent. Les Bocains eux-mêmes étaient ébahis de sa disparition. Messieurs de la gabelle interrogèrent l'enfant, qui leur répondit en termes sensés et narquois. Ils se retirèrent assez honteux, assez confus ; les trois Bocains racontèrent au père de Richard ce qu'ils devaient à l'adresse de son fils, et voulurent qu'il acceptât un petit jambon comme un témoignage de leur reconnaissance.

Quoique la persévérance opiniâtre fût une des vertus prématurées du jeune Richard, il se lassa, comme nous l'avons dit, d'attendre les récoltes de ses noyers qui poussaient trop lentement. Son génie spéculatif se porta vers les pigeons : il obtint de son père une fuie au-dessus du poulailler. Près d'un herbage où l'enfant surveillait les vaches de la ferme, était un des quatre colombiers du seigneur du lieu : ce colombier circulaire, sans couverture, de trente pieds de haut, de trente pieds de large, avait des trous nombreux du haut en bas pour les nichées qu'on visitait tous les huit jours, au moyen d'une échelle tournant sur un pivot. Richard causait avec le gardechasse et le domestique qui l'accompagnait quand ils venaient prendre les jeunes pigeons , et parfois s'en faisait donner quelques-uns. Bientôt sa fuie eut quinze couples, et l'hiver lui fut profitable : alors que la neige couvrait la terre, des grains semés à propos depuis les fumiers jusqu'au fond de la grange firent prendre beaucoup de pigeons étrangers, appartenant au seigneur. Celui-ci se fâcha, commanda de supprimer la fuie, et ce fut la première disgrâce commerciale de François Richard. La liquidation le laissa maître de 42 livres, et pour la première fois de sa vie, à douze ans, il se donna une jouissance de luxe en achetant une paire de souliers ferrés : jusque-là il n'avait porté que des sabots.

Il inventa bientôt un moyen de continuer l'usage des souliers et même d'y ajouter des vêtements plus propres que ceux de ses camarades : il vendit de petits chiens de bonne race et grossit son pécule. Puis, comme il avait profité de l'école, qu'il lisait et écrivait assez bien, qu'il calculait surtout avec une rare facilité, il fut employé, le mercredi de chaque semaine, par Denis Duclos, qui avait la ferme d'un marché de bestiaux à Villers-Bocage. Le bureau de recette se tenait chez un sieur Gendron, guichetier de la prison du bailliage et seigneurie de Villers ; ce Gendron vendait de l'eau-de-vie aux paysans, et

Richard, dégoûté des scènes d'ivrognerie dont il était témoin, prit ce vice en horreur, et cette horreur salutaire a duré autant que ses jours.

Une circonstance y eût ajouté, s'il eût été possible. Son père allait au marché tous les mercredis, et rarement il quittait Villers la tête saine. Un soir qu'il revenait avec son fils dans la plus profonde obscurité, il tomba dans un fossé plein d'eau où il aurait infailliblement péri sans la présence d'esprit de l'enfant, qui fit d'héroïques efforts et parvint à le sauver.

Pour ne rien omettre des premiers essais de Richard en fait de spéculation et d'industrie, nous dirons qu'en allant remplir ses fonctions peu lucratives de buraliste à Villers, il portait pendant l'hiver, à un coquetier, de fort beaux lièvres qu'il avait pris au collet pendant la nuit : il les vendait généralement quinze sous.

Le désir de chasser le tenta, surtout par les périls que faisaient courir aux délinquants les sévérités de la loi. Il acheta une arme à feu, se brisa un doigt par imprudence et craignit pendant plus d'une année de ne pouvoir jamais travailler. Heureusement qu'un sous-officier de Royal-Allemand, qui passait dans le pays, le guérit par un remède inconnu du *Codex ;* il ne resta de l'accident que quelques grains de plomb et une cicatrice sans aucune importance.

Depuis son âge de huit ans, François Richard subvenait à ses besoins : cela ne suffisait pas à son ambition. Sa tête fermenta pendant les loisirs forcés d'une maladie ; il ne pouvait se faire à l'idée de passer sa vie dans un village, sans autre perspective qu'une invincible pauvreté. Pendant sa convalescence il s'en ouvrit à son père : il lui démontra sans peine l'impossibilité d'accroître notablement ses ressources, la rémunération de la terre limitée par des impôts écrasants, enfin le travail le plus obstiné ne pouvant aspirer qu'à l'aisance. Il lui semblait que, dans les grandes villes, il y avait des voies ouvertes à des industries plus lucratives ; il demandait à partir, résolu d'essayer ses forces et de tenter la fortune. Jamais, ajoutait-il, je ne serai à charge à ma famille, et si je deviens riche un jour, elle partagera mon opulence.

Cette résolution aurait eu sans retard l'assentiment du père, s'il n'eût pas employé bien ou mal les quatre cinquièmes de la fortune de son fils. Des soixante livres que celui-ci lui avait confiées, il n'en restait que douze : le reste était dissipé. Quand Richard l'eut appris, il se réjouit de laisser cet à-compte sur les sommes qu'il espérait envoyer à Villy. Il partit plein de confiance, heureux que ses premières économies eussent été utiles à son père, et résolu d'être la providence de sa famille.

François Richard avait dix-sept ans, 12 livres dans sa poche, et dans la tête des espérances plus ou moins fondées, plus ou moins chimériques. Ce qu'il avait surtout, c'était une ferme volonté de demander la richesse au travail et de ne s'arrêter que devant les obstacles infranchissables.

On croit, aujourd'ui, qu'il faut prendre les voitures par économie. Cela suppose toutefois qu'on peut les payer. François Richard, s'il n'eût pas été à pied de Villy à Rouen avec une parcimonie excessive, n'aurait pas eu encore huit livres et sept sous en entrant dans cette ville, sur les douze livres qu'il possédait au départ.

Le lendemain de son arrivée, il parcourut une des rues populeuses de la cité marchande, s'offrit dans tous les magasins, et s'engagea chez un négociant nommé Guillaume Hermel. Là, pour le prix annuel de quarante écus, il devait ouvrir et fermer le magasin, balayer l'intérieur et le devant de la maison, plier les marchandises, les emballer, faire les courses, soigner le cheval et le cabriolet, enfin, malgré ses répugnances, servir à table.

Ce qui le contraria le plus dans sa nouvelle position, c'est qu'il était rarement au magasin et qu'il n'apprenait pas le commerce. Toutefois il suivait son patron aux grandes foires où celui-ci portait ses rouenneries, à Caen, à Reims, à Paris.

François Richard avait dix-neuf ans quand il vit la capitale pour la première fois, à l'époque de la foire Saint-Germain. Cette foire était aussi bonne pour les plaisirs que pour le négoce; il y avait des spectacles de toute sorte, des jeux de toute espèce, des danses, des cafés, des fripons et des dupes: notre jeune homme fut de ces dernières. Entré dans un billard en flânant, il y trouva de prétendus apprentis qui jouaient de masse et semblaient fort inhabiles. Il se croyait plus fort et accepta les conditions que lui fit l'un d'eux pour jouer avec lui. Les succès se balancèrent d'abord; mais Richard finit par perdre trente livres, qui le guérirent du jeu pour la vie, comme les ivrognes de Villers l'avaient mis pour toujours en garde contre l'attrait des liquides.

Les jours s'écoulaient, et Richard ne savait quand il sortirait de chez M. Hermel, où il se sentait arrêté dans son essor, sans prévoir comment il arriverait à la fortune, objet de ses rêves. Une occasion se présenta; il la saisit et brisa sa chaîne.

On était à la fête de l'Ascension, jour de la délivrance d'un condamné à mort, grâce au privilége de la fierte ou châsse de saint Romain. Après la cérémonie, qui attirait des milliers d'étrangers, la ville de Rouen était en fête; quiconque avait une voiture, noble, magistrat, bourgeois, allait au Cours, comme à Longchamp. M. Hermel, qui avait récemment fait emplette d'un cabriolet et d'un assez beau cheval, dit à Richard d'atteler et de monter derrière la voiture. « Je suis le dernier de vos commis, répliqua Richard, et le dernier commis est plus qu'un valet. » Son refus détermina son renvoi.

Quelque temps après, il cherchait une place à sa convenance et n'en trouvait pas lorsqu'il rencontra un jeune homme de Villy, qui était garçon limonadier, rue du Grand-Pont, et qui lui proposa de remplacer le dernier garçon du café. Sa fierté s'humilia, il accepta par l'appât du gain, et resta près d'un an dans cette position.

Après avoir économisé sou à sou plusieurs centaines de livres, et pris assez d'usage, il partit enfin pour Paris, déterminé à s'y livrer au commerce.

Comme bien d'autres à leur début, il trouva les portes fermées, et ses prétentions baissèrent en même temps que sa bourse. Réduit à prendre des repas de trois sous en apportant son pain, à l'auberge du Panier-Fleuri, le futur négociant préféra la domesticité à la misère; il entra au café de la Victoire, rue Saint-Denis, en face de la rue Grenetat.

Les profits étaient considérables et la peine très-petite; un autre s'en serait contenté, du moins quelques années. Mais

Richard n'avait qu'un but, entrer dans les affaires. Dès qu'il eut mille livres à lui, il prit la résolution de travailler à son compte, et loua un petit logement, au cinquième, rue Saint-Honoré.

On venait d'apporter à Paris les premières pièces de basins anglais. Richard en acheta et les écoula très-vite dans les grandes maisons en se faisant bien venir des femmes de chambre. Eprises ou prises par sa bonne mine et ses petits cadeaux, elles lui procuraient à l'envi de nouvelles pratiques. Au bout de six mois, il avait gagné six mille livres. Introduit chez la comtesse Fernandez, femme de l'ambassadeur d'Espagne, il y vendit pour 30,000 livres de linge, de broderies et de dentelles. L'ardent jeune homme ne plaignait pas sa peine ; mais aussi tout lui prospérait, et les perspectives que lui ouvrait l'avenir égalaient ses espérances. Quand, au bout d'un an de travail, il fit son premier inventaire, il se trouva possesseur de vingt-cinq mille livres, avant l'âge de vingt-trois ans.

Par le comte Fernandez, Richard arriva à la comtesse de Baby, maîtresse de Monsieur, comte de Provence, celui des frères du roi qui monta sur le trône sous le nom de Louis XVIII. Le salon de cette femme galante était le rendez-vous d'une jeunesse titrée, sans principes et sans mœurs, besogneuse et turbulente, dont notre commerçant imberbe fut la dupe ; tous trahirent sa confiance, à l'exception du vicomte de Barras, qui finit par payer avec l'argent du Directoire.

Quoique Richard eût déjà une petite fortune à perdre, il ne craignit pas de tout hasarder pour l'accroître : son caractère était l'audace et l'esprit d'aventure, et son avoir fut consacré bientôt à un achat considérable de mousselines des Indes et de châles de Cachemire, apportés par les envoyés de Tipoo-Saëb. Ces châles étaient inconnus en France, on n'en voulut à aucun prix ; le propriétaire les déposa chez Le Roy et chez Corbie, marchands de nouveautés au Palais-Royal, où il les oublia pendant quelques années.

Les mousselines brodées d'or semblaient aussi devoir lui rester, quand son esprit ingénieux le poussa tout à coup à une tentative hardie. Il se présente un matin chez la comtesse de B***, femme à la mode, qui donnait le ton à tout Paris. Il déplie devant elle quatre pièces qu'elle trouve charmantes. Elles n'ont qu'un défaut à ses yeux : elles sont trop riches pour elle et lui coûteraient trop cher.

— En vous les apportant, dit Richard, je n'ai pas eu l'intention de vous les vendre. — Vraiment !.. pourquoi donc êtes-vous venu ? — Pour supplier madame la comtesse d'en accepter une. — Et qui vous envoie ? demanda-t-elle avec fierté. — Mon intérêt seul : je viens vous prier de me rendre le plus important service, de me sauver de la ruine.

Elle sourit d'un air incrédule. — C'est original, dit-elle. — Et pourtant bien vrai, s'écria l'enthousiaste Richard. Vous êtes la femme la plus belle et la plus élégante de Paris, vous pouvez être la meilleure et la plus généreuse. J'ai mis ma fortune dans l'achat de ces mousselines que jusqu'ici j'ai vainement offertes, on n'en veut pas : on en voudra si vous en voulez. Il suffit que vous paraissiez à l'Opéra, vendredi, avec une robe de cette mousseline ; le lendemain, elles auront la vogue. Or,

je suis le seul qui puisse en fournir ; si vous écoutez ma prière,
je suis sauvé.

— Petit marchand, reprit la grande dame avec un de ses plus
gracieux sourires, adroit et galant comme vous le paraissez,
vous irez loin. — Merci ! merci ! je n'ai pas eu tort d'espérer en
vous ? — Non, certes, j'accepte le plaisir de vous être utile, et
vendredi prochain je mettrai votre mousseline en *étalage* aux
premières loges de l'Opéra.

Sorti joyeux et reconnaissant de chez la comtesse, Richard
courut chez mademoiselle Thibaud, la couturière la plus re-
nommée de Paris, lui montra la mousseline, lui proposa le
placement de tout ce qu'il en avait, sûr de vendre tout si la
comtesse lui tenait parole, puisqu'il était le seul en France qui
pût fournir cet article d'extrême nouveauté.

Ce qu'il avait prévu ne manqua pas d'arriver. Toutes les
femmes voulaient des robes comme celle que portait la comtesse de B*** à l'Opéra. En quinze jours, tout fut écoulé ; les
fonds du vendeur étaient triplés.

Ils ne firent pas un long séjour dans la caisse de Richard.
Les lettres de change des chevaliers d'industrie, qui lui avaient
inspiré trop de confiance chez la maîtresse de Monsieur, comte
de Provence, revinrent successivement protestées, et ses fonds
s'épuisèrent à les rembourser.

Sur ces entrefaites, il eut une épaule démise en versant
dans un cabriolet, et bientôt après une affaire en justice contre
une madame Maningan, aventurière d'une insigne mauvaise
foi, à laquelle il avait livré pour douze mille livres de marchandises, et qui lui fit perdre une partie de sa créance. Pendant qu'il

était malade des suites de sa chute et soucieux du mauvais état de ses affaires, il s'engagea par complaisance à prendre un billet de quinze cents livres qu'il lui fallut payer dans un moment où sa caisse était vide. Le tribunal de commerce eut bientôt à rendre un jugement en vertu duquel Richard fut enlevé de son domicile et conduit à la Force, où l'on renfermait alors les prisonniers pour dettes. C'était au mois de mai 1789 : notre héros avait vingt-quatre ans.

Sa santé se rétablit dans le repos de la prison, où, d'ailleurs, le temps se passait dans le plaisir et dans l'ivresse des espérances. Le lieu était propre à faire aimer la liberté, et chaque jour apportait du dehors des nouvelles émouvantes et le bruit des pas rapides de la révolution. Un lord anglais, du nom de Mazaren, détenu depuis dix-huit ans, était visité chaque jour par sa femme et par son beau-frère, qui l'instruisaient de ce qui se passait dans Paris. On avait su, à la Force, tous les détails de l'invasion des ateliers de Réveillon, dans le faubourg Saint-Antoine, sa destruction par l'incendie, l'action tardive de l'autorité et ses rigueurs excessives ; on connaissait la série d'événements qui avaient amené ces fermentations populaires d'où devait sortir une France nouvelle ; on était au 13 juillet, veille de la prise de la Bastille. Richard et ses compagnons de captivité venaient de se réunir dans une cour sablée dont chaque jour on leur ouvrait les portes. Tout à coup lord Mazaren propose aux prisonniers de tenter une évasion. Rien ne lui semblait plus facile dans l'état des esprits. Les soldats étaient démoralisés et l'audace avait pour elle toutes les chances.

La confiance de milord fut partagée par les détenus ; mais

on ne savait où prendre des armes. Mazaren indiqua la rampe de l'escalier, dont les barreaux pouvaient tenir lieu de piques. Bientôt elle céda aux efforts de ces hommes qui se trouvèrent suffisamment armés pour lutter contre des soldats nullement disposés à obéir à un chef, peu empressé lui-même à donner des ordres impitoyables. Les révoltés s'emparèrent successivement de tous les guichets, firent une trouée dans le mur d'enceinte, et conquirent bravement leur liberté. François Richard n'avait que douze sous dans sa poche, et déjà il rêvait aux moyens de recommencer sa fortune.

Dès le lendemain, il emprunta quelques écus de six livres et courut visiter plusieurs de ses anciennes protectrices, les femmes de chambre. Par elles, il recouvra des pratiques ; par son activité, il obtint du crédit, et dès le commencement de 1790, ses affaires étaient florissantes.

Cette même année, il fit la connaissance de mademoiselle Françoise Alavoine, d'Amiens, jolie personne fort bien élevée, qu'il épousa par amour et sans dot. En cela, son bon sens comprima l'esprit de spéculation, cet esprit dominant qui lui soufflait tous ses conseils, et qui lui fit imaginer d'excellentes combinaisons sur les assignats et sur les dépôts au Mont-de-piété. Une de ses journées lui valut un bénéfice de 4000 livres. Ses calculs furent si judicieux, la dépréciation des assignats suivit si bien ses prévisions, son accaparement de certains objets de première nécessité lui procura de tels bénéfices, qu'il put acheter une très-belle propriété à Failly, près de Nemours.

Laissant la rouennerie pour les toiles de lin, Richard essaya en grand une partie dont il n'avait eu jusqu'alors aucune idée. Il donnait la préférence aux toiles de Laval, qu'il tirait des excellentes blanchisseries de Beauvais.

Un jour qu'il voyageait en chaise de poste, car il en avait le moyen et il connaissait le prix du temps, il avait derrière sa voiture une vieille malle remplie de ses toiles. Un orage survint entre Noailles et Beaumont, la malle fut traversée. Quand Richard déballa ses toiles, elles étaient semées de taches violettes, causées par le papier qui les enveloppait, et qui avait déteint d'une façon désespérante. L'idée lui vint de les descendre dans son puits, dont l'eau était très-limpide : il voulait leur ôter le plus gros des taches, prêt à les vendre au rabais, plutôt que de faire les frais de les repasser toutes au blanc. Il les retira deux heures après, non pas entièrement détachées, mais, pour ainsi dire, changées de nature. L'eau du puits avait reçu des toiles à fils plats, elle rendait des toiles à fils ronds, semblables à la cretonne ou à la toile de Hollande.

Ce fut pour Richard un trait de lumière : or jamais homme ne fut moins disposé à laisser passer l'occasion et à négliger la fortune. Après des expériences réitérées sur diverses toiles, certain que l'effet était dû, non à la qualité de l'eau, mais à l'action de l'humidité sur l'apprêt, il montra ses toiles, pliées en bouchon, à des négociants qui lui donnèrent sans délai 25 pour cent de bénéfice, et il partit pour Beauvais.

Muni de son chiffre gravé et d'une préparation pour poinçonner ses marchandises, il acheta toutes les toiles qui étaient dans les magasins et même dans les blanchisseries. Sur les trois mille pièces qu'il trouva, il paya celles qu'il pouvait immédiatement enlever, et donna un fort à-compte sur celles qui restaient à livrer; puis il passa un marché à part pour les jeter à l'eau tout apprêtées, les y laisser deux heures, les faire sécher, les plier en bouchon comme la toile de Hollande, et les garnir d'une bande de papier violet, retenue par une faveur rose. Avant de quitter Beauvais, au bout de quatre jours, il avait déjà expédié à Paris quatre cents pièces toutes préparées.

Il y avait alors une salle de vente au Palais-Royal, où Brunet, huissier priseur, écoulait des marchandises de toute espèce. Un jour Richard y fit porter cinquante pièces de toile, qui le soir étaient vendues à un prix supérieur à ses prévisions. Il est vrai qu'il fut admirablement secondé par une circonstance toute fortuite. Un amateur demanda le nom de la toile. — Le propriétaire ne l'a pas désigné, répondit le crieur; mais ce qu'on peut garantir, c'est qu'elle est toile de lin. — Confiez donc vos intérêts à de tels ignorants, reprit alors le prétendu connaisseur, en se tournant vers un groupe de curieux parmi lesquels se trouvait Richard; il ne voit pas qu'il vend des toiles de Hollande !

Ce mot fit monter d'un tiers la marchandise. Au bout d'un mois, les trois mille pièces étaient vendues, et vendues au comptant.

Une telle prospérité ne pouvait se poursuivre au milieu des crises qu'amenait coup sur coup la révolution. Richard n'oubliait pas le sang plébéien qui coulait dans ses veines, et quand le peuple marchait, il marchait souvent avec lui. Le 10 août, ayant vu tomber à ses côtés un de ses amis qui causait avec lui sur la place du Carrousel, il courut à sa section, rue Mauconseil, échauffa les têtes, électrisa les cœurs, et tous, jusqu'aux vieillards, aux femmes et aux enfants, s'avancèrent avec lui vers les Tuileries.

Après cette terrible journée, suivie d'horribles catastrophes, tout commerce fut interrompu. Le présent était trop inquiet, l'avenir trop incertain, trop sombre, trop menaçant, pour que la spéculation osât se prendre à la moindre espérance. Richard profita de ce temps d'arrêt dans les affaires pour aller avec sa femme voir son père, qui était revenu habiter Epinay-sur-Odon.

A peine, après les premiers embrassements, avait-il satisfait à ses questions réitérées, que des huissiers arrivèrent pour exercer une saisie. Le père de Richard avait cautionné un receveur des tailles récemment parti avec la caisse, et un jugement condamnait la caution à payer. Le négociant parisien ne pouvait arriver plus à propos, car le fermier crédule était dans l'impuissance de satisfaire à l'engagement qu'il avait pris. A son retour, Richard aidait son père de sa bourse comme au départ. Mais au départ il avait douze francs ; au retour il en possédait quelques centaines de mille. Quel changement de position en dix ans !

Pendant les deux mois que passa Richard à Epinay, il se livra au plaisir de la chasse, il parcourut les campagnes voisines, s'entretenant avec les agriculteurs de leurs travaux et de leurs intérêts ; mais il ne songea point à s'établir parmi eux. L'esprit de lucre, le génie de la spéculation, l'appelèrent de nouveau sur le grand théâtre des affaires. Il rentra dans Paris quelques jours après l'arrestation de Louis XVI à Varennes.

Le calme semblait se rétablir ; malheureusement il n'était qu'à la surface, et l'inquiétude se trahissait de toutes parts. Pour émigrer, on vendait à bas prix ses objets de luxe ; la baisse atteignait jusqu'aux diamants. Les diamants s'ajoutèrent au commerce des toiles dans les spéculations de Richard, et la fortune lui sourit au moment où elle faisait tant de victimes. Mais le terrible *Maximum* vint s'abattre sur ses marchandises : en échange de ses toiles, il reçut des assignats sur lesquels il fallait perdre plus de cinquante pour cent. Force fut de renoncer aux ventes dans la salle publique du Palais-Royal et d'attendre des circonstances moins défavorables.

Son patriotisme fut mis alors à de rudes épreuves. Epris d'un vif amour pour les principes de 1789, il voyait tomber chaque jour les héros de cette grande époque ; il voyait les factions succéder aux factions, et la Terreur imaginer sans cesse de nouveaux crimes pour assouvir d'insatiables échafauds. Honnête et bouillant comme l'était Richard, il avait souvent peine à se contenir. Un soir il éclata, contre toute prudence : il jouait aux dames, dans un café, avec un membre du comité de sa section, le citoyen Mazie, quand celui-ci, voyant passer dans la rue un excellent père de famille, ami de Richard, dit avec une ironie infernale : En voilà un aristocrate qui fait bien de se promener ; dans sept jours il aura craché dans le panier. Ces mots étaient à peine achevés que Richard avait souffleté Mazie, et quitté la salle pour dissiper au dehors une agitation dont il sentait déjà toutes les conséquences.

Après avoir passé la nuit dans les alarmes, il sut d'un de

ses amis, qu'on avait délibéré sur son sort dans le comité de sa section, que son patriotisme bien connu y avait trouvé des défenseurs, et que deux voix de majorité avaient empêché son arrestation. Un grand dîner répara l'insulte faite à Mazie, et Richard traversa la Terreur, non sans maudire les gouvernants sanguinaires de cette époque, aussi funeste au commerce qu'aux sources de production qui l'alimentent.

Le 9 thermidor vint mettre un terme à ce régime d'extermination qui avait duré plus d'une année. Richard respira, comme la France, après la chute de Robespierre, et tout aussitôt il chercha des objets de spéculation, et, dans une vente de draps après cessation de commerce, il se rencontra en concurrence pour une pièce d'étoffe anglaise avec un jeune homme de vingt-sept ans, vers lequel l'attira soudain une invincible sympathie. Il lui proposa d'arrêter son enchère si l'objet en vente lui convenait. — J'accepte, dit l'étranger, si vous me permettez de faire l'achat en commun. — Avec plaisir, dit Richard, si vous voulez que je sois de compte à demi dans tous vos achats de la journée.

A partir de ce moment, cet étranger, qui n'était autre que M. Lenoir, eut son existence liée à celle de Richard, et, grâce à cette alliance, si féconde en résultats pour l'industrie de la France et pour son commerce, les noms des deux amis ne firent plus qu'un nom, nom glorieux qui sera connu de nos descendants.

Lenoir-Dufresne (Jean-Daniel-Guillaume) était né à Alençon le 24 juin 1768. Ses premières années donnèrent peu d'espérances : il avait le travail difficile ; mais une opiniâtre persévérance le rendait maître à la longue de ce qu'avaient appris en se jouant ses camarades. Sous l'apparence d'un grand calme, il avait les passions fortes et vives ; quand la révolution française eut à se défendre contre les ennemis du dehors, il partit comme volontaire, fit plusieurs campagnes, se trouva à plusieurs batailles, et fut rappelé à Paris par la mort de son père.

Longtemps marchand de draps, rue Montorgueil, celui-ci avait acheté près d'Alençon une ancienne abbaye et l'avait payée en assignats. La fortune qu'il laissait était assez belle ; mais son fils la trouvait insuffisante : il cherchait à l'accroître par le commerce quand Richard et lui se rencontrèrent.

De ce jour leurs intérêts furent à peu près communs, bien que l'heure des rapprochements intimes ne fût pas encore arrivée, et que Lenoir allât dans l'Orne acheter des biens d'émigrés, pendant que Richard, las de la tyrannie des factions et refusant de prendre part à la journée du 13 vendémiaire, allait à sa terre de Failly, avec une douzaine d'amis, oublier les misères du temps, la perversité des ambitieux et les effroyables calamités des discordes civiles.

Quand Richard revint à Paris, il avait pour trois cent mille francs d'assignats dont la dépréciation allait croissant : il s'empressa d'acheter des toiles, des draps, des étoffes de tout genre : un mois après, il vendait contre espèces sonnantes, et réalisait de gros bénéfices.

Quelques assignats qui lui restaient soldèrent le prix de quarante arpents de bois nationaux, de beaux herbages et d'une grande ferme, qu'il acheta, de moitié avec Lenoir, près d'Alençon ; et les deux amis, maîtres de trente-cinq mille livres de rente, crurent un instant qu'ils n'avaient plus rien à faire en ce monde, sinon jouir et se reposer.

Une circonstance inattendue les rendit bientôt au commerce. Une loi rétroactive ordonna aux acquéreurs de domaines nationaux payés en assignats, de rapporter le quart du prix en numéraire. Il était loisible d'abandonner une partie des biens si l'on ne voulait ou si l'on ne pouvait payer en argent. Ce moyen de libération souriait à Lenoir ; mais Richard, n'étant pas d'avis de démembrer de si beaux domaines, détermina son copropriétaire à reprendre le commerce, ne fût-ce que pour gagner les vingt-cinq mille livres qu'il fallait ajouter au prix de leurs terres. Lenoir apporta pour mille écus de toiles d'Alençon ; Richard avait également pour mille écus de marchandises : la réunion de ces deux fonds fut l'origine de l'immense développement qu'ils donnèrent plus tard à l'industrie cotonnière.

La prudence les guida dans ces nouveaux débuts. Chacun courut de son côté pour trouver des objets avantageux. Richard acheta, rue de Cléry, trois cents pièces de linon broché, et fit annoncer la réouverture de l'ancienne maison Lenoir, où l'on trouverait les marchandises à prix fixe, avec cette condition rassurante, que l'on reprendrait le lendemain les marchandises vendues la veille, si elles ne convenaient plus à l'acquéreur. On accourut au magasin de confiance ; les linons partirent dans le mois, et les capitaux furent doublés sur cet article.

Nos deux amis achetèrent alors des draps chez Fruitier, rue de l'Arbre-Sec ; la vogue portait chez eux la foule, et au bout de six mois, leurs ventes montaient à quinze cents francs par jour. A la fin de l'année, les recettes quotidiennes étaient de quatre mille francs.

Une grande source de bénéfices était alors dans le commerce des marchandises anglaises, d'autant plus chères qu'elles étaient prohibées. Le gouvernement avait fermé les yeux sur un trafic devenu général : un jour il s'avisa de les ouvrir, et, les dénonciateurs aidant, Richard fut la première victime des trahisons privées. Mais, avec de l'adresse et de l'audace, il se tira d'affaire, paya quelques amendes, et fit des gains de plus en plus considérables, à raison des prix, élevés par les dangers de la contrebande. Aux piéges de la Douane il opposait avec succès les ressources de son génie fécond en ruses et servi par un admirable sang-froid. Plus hasardeux que Lenoir, il profita d'une absence de ce dernier, parti pour l'Orne, où il spéculait sur les biens nationaux, et sortit si habilement de ses luttes avec les agents du fisc, qu'au retour de son associé, un inventaire établit que le six mille francs primitifs avaient, en quatorze mois, produit net cent douze mille francs, indépendamment des dépenses générales de la maison, de pertes par vol et faillite, de la somme due comme supplément pour les ventes précédemment soldées en assignats, enfin de l'enregistrement des nouvelles acquisitions d'immeubles récemment faites par Lenoir.

De tels succès, qui comblaient les vœux de ce dernier, irritaient les désirs de Richard : il ne lui suffisait pas de gagner de l'argent sur les piqués et les basins anglais, il voulait affranchir sa patrie de ces tributs énormes payés par les consommateurs français à l'industrie étrangère. Il avait effilé des étoffes d'Outre-Manche ; il s'était rendu compte du prix des matières premières et de celui qu'elles acquéraient par la main-d'œuvre ; il avait reconnu qu'il n'entrait pas pour douze francs de coton dans une pièce qu'on vendait quatre-vingts francs. Les soixante-huit francs de main-d'œuvre valaient bien la peine d'entrer en concurrence, et le bénéfice serait énorme le jour où, comme il en avait l'espoir, on filerait à la mécanique. L'usage du coton lui semblait devoir se répandre et devenir universel; il n'aspira plus qu'à se faire fabricant, et cela, moins pour faire fortune, que pour délivrer la France de son espèce de vassalité commerciale envers la Grande-Bretagne. Un sincère amour de la patrie était au fond de ses projets.

Il exposa ses plans avec tant de chaleur à Lenoir, que celui-ci, malgré ses répugnances, malgré ses serments de vendre des étoffes et de n'en jamais fabriquer, se laissa entraîner aux idées de Richard, qui, du reste, était prêt à les réaliser, dût-il rompre son association avec son ami.

Laissé libre d'agir, il commença par louer une ex-guinguette, rue Bellefont, pour installer les machines qu'il n'avait pas et les ouvriers qu'il espérait avoir.

Plusieurs fois un Anglais pauvre, du nom de Browen, lui avait offert des marchandises mal fabriquées, mal blanchies, mal apprêtées : Richard n'en avait pas voulu. Mais cet homme qui travaillait seul, au Marais, pouvait peut-être procurer des métiers. Sur ses dessins, en effet, on en construisit à la hâte : l'argent n'arrêtait pas ; Richard avait ses principes en fait de dépenses productives : un franc lui semblait plus difficile à gagner avec cinquante centimes qu'un billet de banque avec une pièce d'or.

Un bon nombre de métiers une fois en activité, la lutte avec l'étranger resta quelque temps inégale : les basins français ne gaufraient pas ; or le gaufrage donne seul du prix à cet article. Les deux amis se décourageaient lorsque Lenoir s'avisa de compter les fils de chaîne, et trouva que nos basins étaient montés sur mille, tandis que ceux des Anglais n'avaient que sept cents ou sept cent cinquante fils. De nouveaux essais furent si heureux, que la concurrence put s'établir et que le succès fut complet.

Mais plus la fabrique prenait d'extension, plus Richard sentait le besoin d'une filature, et plus il faisait d'efforts pour en établir. Il lui fallait des *mull-jennys :* il parvint à s'en procurer un modèle. Un jeune Anglais qu'il rencontra, Brouweh, possédait deux cardes à coton et un petit métier en fin et gros, de cent quarante broches. Pour essayer sa machine, Richard lui commanda quelques livres de trames, qui différaient peu de celles qui venaient d'Angleterre. Bientôt il fit marché pour vingt-deux métiers complets avec les cardes à étirage et les lanternes ; puis, quand le tout fut terminé, l'ex-guinguette de la rue Bellefont se trouva trop petite ; une autre maison louée en face était déjà encombrée de métiers ; il fallut faire un bail avec le gouvernement pour un grand hôtel, rue de Thorigny, et les mull-jennys furent installées dans des salons où le luxe avait trôné au dix-huitième siècle. Combien de palais ont ainsi expié les folies de leurs maîtres, en devenant le siége d'industries fécondes !

Quoique tempéré par la prudence de Lenoir, le zèle de Richard ne s'arrêtait pas. Filant presque aussi bien que les Anglais, il prenait chaque jour de nouveaux ouvriers, et cherchait de toutes parts de nouveaux emplacements pour ses fabriques.

Il songea aux couvents que l'on n'avait pas tous vendus, et s'adressa au bureau des domaines nationaux. On lui répondit que Bon-Secours, Trenelle et La Croix, les seuls qui restassent, rue de Charonne, étaient mis en réquisition depuis plus d'un an par le ministre de la guerre. Le ministre n'en avait donc pas besoin, pensa Richard, et il alla les visiter.

Bon-Secours avait déjà servi de magasin pour les avoines et les fourrages : il y avait même dans la chapelle un hache-paille qui fonctionnait encore ; mais tout était dans un état déplorable : plus de croisées, quelques portes à peine, des crevasses par où tombait la pluie, des salles décarrelées, des cellules à moitié démolies. Toutefois, avec des réparations, le couvent pouvait contenir cent métiers, la chapelle seule suffirait à quinze cardes : il s'agissait d'obtenir un si beau local.

Bien que la bureaucratie ne fût pas alors aussi florissante qu'elle est devenue depuis, Richard prévoyait des difficultés auxquelles il résolut de se soustraire. Les lenteurs légales n'allaient pas à son caractère ; il prit ce qu'on eût peut-être refusé ; il établit son droit sur l'utilité de la conquête. Une fois mes machines en activité, plus de quatre cents ouvriers occupés à les faire marcher et gagnant de forts salaires, on y regardera sans doute à deux fois, se dit-il, pour mettre sur le pavé de tels hommes, utiles s'ils travaillent, dangereux s'ils sont oisifs ; on aimera mieux les voir filer du coton que faire des émeutes.

La portière de Bon-Secours était l'ancienne tourière du couvent. Elle recevait un petit traitement du ministre de la guerre, et passait sa vie à déplorer l'abandon de lieux qu'elle avait vus si prospères. Richard avait compris le cœur de cette femme. Son dessein, lui dit-il, était de faire de grandes réparations et de rendre l'activité à cette solitude. Il gagna facilement ses bonnes grâces en doublant ses appointements, et en appuyant ses discours de deux pièces d'or qu'il lui glissa dans la main. La seule recommandation sérieuse qu'il lui fit, ce fut de laisser entrer à Bon-Secours tout ce qu'il lui enverrait et de n'en rien laisser sortir.

Au bout de deux jours, menuisiers, vitriers, charpentiers, maçons, étaient en besogne. Le contre-maître au tissage s'engageait à faire enlever et remonter les métiers par les ouvriers eux-mêmes, moyennant dix francs par métier en sus de leur journée.

Bientôt des charrettes apportèrent ce lourd mobilier. Bon-Secours le recevait le lundi, et le mardi l'on dressait les mull-jennys, sans trop s'inquiéter des maçons, des menuisiers, des couvreurs qui étaient à l'œuvre. En trois jours une joie sincère, une activité bruyante avaient remplacé la morne solitude du monastère confisqué. Madame Richard, émerveillée, vint s'y établir. Ce qu'il y avait de très-remarquable, c'est que l'ardeur du chef était partagée par ses ouvriers : ils étaient sans doute bien payés ; mais, outre l'appât du gain, ils avaient aussi pour mobile, comme leur maître, le sentiment de l'orgueil national.

La semaine n'était pas finie qu'un commissaire ordonnateur arriva de la part du ministre de la guerre, demandant de quel droit on s'était emparé de cette caserne de l'Etat. — Elle était trop délabrée, dit Richard, pour servir à cet usage. — Mais enfin le ministre pouvait utiliser ce couvent comme il l'aurait entendu. — C'est précisément ce que j'ai cru impossible. Il eût fallu trop de frais ; j'en ai dispensé le gouvernement, à qui je paierai la jouissance d'une propriété onéreuse. S'il s'y refuse, je rendrai les lieux en bon état, et je n'encourrai sans doute aucun reproche. — Mais on ne peut pas autoriser une telle violation de la propriété nationale. — Oh ! si vous parlez de la nation, je vous expliquerai de quel intérêt doit être pour elle le développement de notre industrie. Voulez-vous parcourir nos ateliers ? Et sans attendre sa réponse, il le prit par le bras et l'entraîna dans les salles, où le commissaire marcha de surprise en surprise, d'admiration en admiration.

Tout le rez-de-chaussée était garni de métiers : les tisserands travaillaient, les mull-jennys commençaient à filer, et dans la cour on préparait la blanchisserie. Le commissaire ne pouvait en croire ses yeux. Mais c'est prodigieux ! s'écriait-il. Quelle tête il faut avoir pour concevoir de telles entreprises, et quelle volonté pour leur exécution ! .... Parbleu ! dit-il à la fin, je vous félicite d'avoir agi militairement. Un tel résultat vous justifie, et le parti que vous avez tiré de votre conquête vous vaudra non le blâme, mais de justes félicitations.

On ne peut vous refuser un bail dans lequel vous ferez entrer vos réparations en paiement de loyer.

Le commissaire ordonnateur remplit de tels éloges son rapport au ministre de la guerre, que celui-ci en parla au Premier Consul. Il était impossible que Bonaparte ne fût pas frappé de la hardiesse de Richard : il résolut de voir par lui-même l'établissement improvisé, et, comme le disent les *Mémoires,* le général triomphateur voulut connaître le manufacturier conquérant.

Il vint précisément un jour de blanchissage, où la fabrique était de tous côtés en activité; il vit prendre les cotons dans les balles, et suivit le travail jusqu'au moment où les marchandises pouvaient être employées.

Les questions succédèrent aux questions, et des esprits exercés et sagaces eussent pu y soupçonner les germes du système continental. Richard était électrisé par le génie de Bonaparte : il développait ses plans, et ne cachait aucune de ses espérances.

— De quels encouragements avez-vous besoin? lui demanda le Premier Consul. — Il faudrait, dit Richard, qu'on nous vendît Bon-Secours et le couvent de Trenelle, situé de l'autre côté de la rue. — Comment! il y a trois mois à peine que vous avez pris ce local, et il est déjà trop petit! — Nous ne suffisons pas aux demandes, et nous faisons de gros bénéfices. — Je pensais que vous dépensiez beaucoup, sans obtenir encore de résultats. — Lorsque nous vendons nos articles comme français, le débit en est difficile; mais nous laissons croire qu'ils sont passés en fraude, et c'est à qui les achètera. Nous continuerons à fabriquer ici; nous ferons en même temps une manufacture et une école pratique où nous donnerons nos conseils et où nous vendrons nos machines. — Mais c'est une guerre à mort à l'industrie anglaise ! — C'est bien le mot, et nous espérons qu'en éveillant le goût de cette lutte patriotique, en nous suscitant des rivaux à nous-mêmes, en nous liguant avec eux contre l'ennemi, nous ferons faire un pas immense au commerce français. — Je vous aiderai de tout mon pouvoir, Messieurs; j'admire vos sentiments, et je dirai plus, votre génie. C'est une belle tâche que vous entreprenez. Vous voulez acheter ces deux couvents, on vous les vendra : est-ce tout ? — Oui pour le moment; mais quand nous aurons assez de rivaux en France, quand notre pays aura vingt-cinq filatures, nous demanderons au Premier Consul de prohiber à l'entrée toute espèce de toile de coton. — Les toiles à imprimer aussi ? — Elles aussi, car, avec la prohibition, la France peut se suffire avant deux ou trois ans.—Et vous pensez arriver à fabriquer aussi beau et à aussi bon marché que les Anglais ?—Nous venons de naître; enfants, nous ne pouvons lutter avec des hommes; aidez-nous à grandir, et nous serons de force dans peu d'années. — Allons, je suis très-satisfait; je fonde de grandes espérances pour notre pays sur votre intelligence et votre courage. Travaillez à l'émancipation commerciale de la France, mes encouragements et ma protection ne vous manqueront jamais.

A partir de ce jour, Lenoir vendit la maison de commerce et seconda Richard dans la surveillance des établissements producteurs.

Un ouvrier picard, nommé Adam, qu'ils avaient employé dès le commencement de leur tissage, leur proposa de faire travailler pour eux une partie de sa province, s'ils voulaient lui confier des métiers et du coton. Richard savait que, dans cette contrée, la main-d'œuvre était à bas prix, que beaucoup de tisserands n'avaient pas d'ouvrage; il leur en donna, et, six mois après, il avait trois cents métiers montés dans la Picardie.

Cependant le Premier Consul avait rendu l'arrêté promis au sujet de Trenelle et de Bon-Secours. Il était convenu que Richard et Lenoir s'en rendraient adjudicataires, mais qu'ils ne paieraient que la première mise à prix : l'excédant devait être affecté au crédit du ministre de l'intérieur, comme encouragement à l'industrie.

M. Frochot était alors préfet de la Seine. Il manda Richard qui le trouva en conférence avec l'architecte de la ville, M. Molinos. Tous deux firent expliquer Richard sur ses projets; M. Molinos montra les siens; M. Frochot dit qu'on avait induit en erreur le Premier Consul, qu'avec ce système d'annexions on ne ferait qu'une fabrique de tout le faubourg Saint-Antoine, qu'il fallait renoncer à Trenelle.

Richard n'était pas grand; mais il le parut en se dressant devant le rude Frochot avec une incroyable fermeté. — Je n'aurai pas Trenelle!... je l'aurai dans trois heures, monsieur le préfet. — Quoi !] vous oseriez l'envahir? — J'y cours. — Je m'y opposerai. — Avant que vous ayez eu le temps de signer des ordres, la place sera occupée. Et Richard de voler à Bon-Secours. A l'œuvre ! s'écria-t-il : il faut à l'instant faire la conquête de Trenelle. A sa voix, on se porta sur le couvent : des ordres venus de la préfecture en avaient fait fermer les portes. Richard ordonna de les briser, et les assaillants entrèrent bientôt en vainqueurs.

L'ivresse du triomphe une fois dissipée, Richard réfléchit à l'irrégularité du procédé ainsi qu'à la colère du préfet de la Seine; et comme le propre de son esprit était de trouver des ressources dans tous ses embarras, il résolut de recourir à l'intervention de Joséphine. Il l'avait reçue dans son château de Failly avant qu'elle achetât Malmaison ; elle lui avait plus d'une fois témoigné sa bienveillance; il lui écrivit.

Le style de Richard n'était pas le beau côté de son génie. Sa plume courait sur le papier, sans autre souci que de manifester la pensée : peu inquiet de la forme, sans conscience même de ce qui lui manquait, trouvant la clarté malgré l'incorrection, il se faisait lire par la netteté des lettres principales, en dépit des lois de notre scrupuleuse et variable orthographe. Nous n'avons pas sa pressante épître à Joséphine; mais nous savons que la future impératrice le rassura le lendemain, et que bientôt eut lieu la vente attendue de Trenelle et de Bon-Secours.

Dès lors Richard et Lenoir, malgré des pertes particlles, comme on en éprouve plus ou moins dans le commerce, virent s'étendre le cercle de leurs affaires. Chaque jour ils faisaient filer plus de deux cents livres de coton. Le basin qu'ils fabriquaient donnait un bénéfice de quarante francs par pièce, et ils en faisaient mille par mois : c'était donc par mois un gain net de quarante mille francs. Et ce n'était pas l'intérêt seul qui animait Richard et Lenoir; Richard surtout éprouvait un sentiment d'orgueil national à voir la France lutter par l'industrie avec l'Angleterre; il poussait sans relâche à l'établissement d'ateliers nouveaux. Quarante métiers furent placés, à Alençon, dans les celliers de la mère de Lenoir.

Un jour que Richard revenait de les visiter, il vit des ouvriers qui commençaient à démolir de grands bâtiments; il apprit que c'était l'abbaye de Saint-Martin, qu'elle appartenait à trois députés qui, ne trouvant pas à la vendre, la faisaient abattre. Notre industriel descendit de voiture, admira cette maison vaste et bien construite, son enclos de trente arpents entouré de grands murs couverts d'espaliers en plein rapport, les pièces d'eau vive près du monastère : sa tête travailla bientôt; il s'imagina voir ses mull-jennys installées dans ce beau domaine et ne pensa plus qu'aux moyens d'arriver à ce résultat.

A sa prière, on cessa de démolir. Il courut à Paris faire part de ses projets à Lenoir qui, entendant Richard exposer les avantages que Séez retirerait de leur établissement, le nombre de familles que ferait vivre la nouvelle industrie, le bien, en un mot, qui serait la conséquence de leur entreprise, laissa son associé libre d'agir.

L'abbaye de Saint-Martin appartenait à MM. Beaupré, Legot et l'abbé Grégoire. Tous trois, embarrassés d'un tel immeuble, désiraient fort, en rentrant dans leurs déboursés, voir établir à Saint-Martin des ateliers comme à Bon-Secours. Le marché fut conclu, aux applaudissements des membres de la *Société des arts utiles*, qui, frappés des travaux de Richard et de Lenoir, du bien-être donné par eux au faubourg Saint-Antoine, les complimentèrent par délégué, et les invitèrent à une séance publique, le décadi suivant, présidée, dans l'ancienne église de l'Oratoire, par le consul Cambacérès. Le modeste Lenoir avait eu vent de ce qu'on préparait ; il resta dans ses ateliers, et laissa partir son associé sans le prévenir.

A son arrivée, Richard fut introduit avec cérémonie, conduit dans une tribune élégamment décorée en face du fauteuil de Cambacérès, et pendant qu'il traversait la foule, une marche brillante était exécutée par l'orchestre de l'Opéra. Le fils du paysan d'Epinay fut saisi d'une indicible émotion ; un brouillard soudain lui déroba l'assemblée; il sentait à peine la main de son guide, et gagna difficilement la place qui lui était destinée. Quand il fut maître de ses sens, il vit à sa gauche un inventeur, objet de la même ovation. Il entendit le rapporteur faire l'éloge des écluses que ce dernier avait imaginées pour faire monter l'eau sur les plus hautes montagnes; puis passer au premier métier monté par Richard, à l'activité, à l'énergie, aux ressources de cet industriel, enfin le féliciter, au nom du pays, des progrès immenses que lui et Lenoir faisaient faire chaque jour à nos fabriques cotonnières. Le rapport fini, des couronnes de chêne furent posées sur la tête de Richard et sur celle de son voisin. Le voisin remercia en bons termes; Richard était trop ému; il ne put que saluer l'assemblée, qui lui sut gré de son trouble et redoubla d'applaudissements.

Après la séance, avant d'aller dîner chez le second Consul, Richard alla conter à Lenoir ce qui venait de se passer, et celui-ci affirma que son associé avait les premiers droits à de tels honneurs; lui, Lenoir, n'était que son lieutenant; il loua son ini-

tiative en tout, et se reconnut pour seul mérite d'avoir cédé à
ses inspirations et de l'avoir secondé. Lenoir était ainsi très-
bon, très-simple, très-modeste, et toutes les fois qu'il fallait
se mettre en avant, il députait son ami. Quoique sans lettres,
sans la moindre étude grammaticale, exposé par conséquent à
des méprises qui pouvaient égayer les oisifs, Richard ne ba-
lançait pas à se présenter, et son bon sens sagace, ses con-
victions ardentes et sa logique passionnée ne fléchissaient point
devant les hommes d'Etat. Ses moyens naturels étaient d'ailleurs fortement secondés par sa persévérance à poursuivre
son but et son opiniâtre volonté de vaincre les obstacles. De
tels caractères auraient trop d'avantages si Dieu ne leur avait
pas refusé la prudence. Après tout, la prudence n'entre pas
plus que la témérité dans le plan providentiel. Il faut des au-
dacieux dans toutes les branches de l'activité humaine : il en
faut pour essayer des forces latentes de la nature, pour inno-
ver dans les sciences, pour créer dans les lettres et dans les
arts, comme il en faut pour briser des jougs ou fonder des
empires.

Richard avait eu foi en lui, et la première Exposition du
Louvre mit en lumière l'importance de son industrie (¹). On

(¹) On lit dans le *Rapport du Jury sur les produits de l'industrie française* (*Exposition de* 1806), pages 65 et 66 :

« Section 4. Basins et piqués. 212. M. Richard, rue de Charonne, n° 95,
à Paris, propriétaire de filatures et de fabriques d'étoffes de coton à Paris,
à Saint-Quentin, à Alençon et à Séez.

« Ce fabricant, alors associé avec feu Noir-Dufresne, obtint en l'an 9
une médaille d'argent, et en l'an 10 une médaille d'or, pour ses basins
et piqués; il a présenté à l'Exposition de 1806 des tissus de coton de toute
espèce : le jury se plait à déclarer qu'il a trouvé ses étoffes très-belles, que

lui avait donné un des plus grands portiques, et quand Joséphine alla visiter les galeries, elle examina minutieusement
les marchandises de notre industriel. Eh bien ! lui dit-elle,
j'ai fait votre commission ; on ne vous fera plus attendre. Richard lui témoigna sa reconnaissance, et la pria d'être encore
sa protectrice quand il rappellerait au Premier Consul la seconde promesse qu'il lui avait faite.

Bonaparte entra presque aussitôt, et en voyant Richard et
Lenoir : Messieurs, leur dit-il, j'admire de plus en plus vos
ouvrages, et regrette qu'on vous ait fait des difficultés pour
Trenelle.

—Le mauvais vouloir de monsieur le préfet n'a pas entravé
nos opérations, dit Richard. Fort de votre promesse, citoyen
Premier Consul, à peine avais-je quitté M. Frochot, que je
m'emparais du local ; et quand les ordres contraires du département arrivèrent, la place était prise d'assaut.

— Bravo ! voilà comme on doit entendre l'intérêt public ; il
faut souvent faire du bien aux gens malgré eux.

— Citoyen Premier Consul, votre première promesse est
réalisée. Nous allons maintenant construire force machines pour
des fabricants : dans deux années au plus tard nous vous rap-
pellerons la seconde. — Oui, oui, je me souviens aussi de l'en-

les piqués et les basins lui ont surtout paru de la première beauté, et
qu'il aurait regardé comme un devoir de décerner à ce fabricant une
médaille d'or, s'il ne l'avait déjà obtenue pour le même objet. »
La médaille d'argent est mentionnée dans le *Moniteur* du 3 vendémiaire an 10 (25 septembre 1801). Le *Moniteur* du 17 vendémiaire an 11
(9 octobre 1802) cite les noms des exposants qui ont obtenu les vingt
médailles d'or, et annonce que Richard et Noir-Dufresne ont, ainsi que
les autres, dîné la veille avec le Premier Consul.

gagement que vous avez pris avec moi, et je crois que vous avez encore beaucoup de machines à faire avant de pouvoir fournir l'impression. — Nous irons vite. Les grands bénéfices de la fabrication doivent appeler beaucoup de capitaux dans cette nouvelle industrie. La concurrence s'établira bientôt, et avec elle viendront le bon marché et le perfectionnement. — A merveille, messieurs, je souhaite que vous ayez prochainement besoin de moi ; mon aide ne vous fera point défaut.

Jamais parole plus encourageante ne fut adressée à un esprit plus facile à l'enthousiasme : c'était de l'huile sur le feu. De ce jour, Richard ne rêva que d'accroissements, que d'établissements nouveaux, que de perfectionnements. C'était peu que de mettre Séez en pleine activité dès 1801, d'avoir à l'abbaye de Saint-Martin cent mull-jennys et plus de deux cents métiers de tisserand, d'acheter à Alençon l'abbaye des Bénédictines pour y développer le tissage en grand, d'y réserver des ateliers pour les femmes de mauvaise vie et autres, auxquelles il donnait de l'ouvrage dans leur prison, et qu'il occupait dès qu'elles avaient satisfait à la loi, service immense qui sauva tant de malheureuses du danger des récidives, et les moralisa par le travail ; Richard pensait souvent à son village ; il n'était pas facile d'y rien créer d'important, mais on pouvait faire quelque chose dans le voisinage : il s'y résolut.

Il proposa à MM. Roger frères, acquéreurs de l'abbaye d'Aulnay, de consacrer cette abbaye à une fabrique exploitée par une société dans laquelle ils seraient intéressés pour un tiers. La société fut formée ; MM. Roger vendirent l'abbaye ; Richard et Lenoir, les métiers et les machines, qu'ils s'engagèrent à mettre en activité et à surveiller. L'acte fut passé le 13 septembre 1804.

Dès cette époque, Richard et Lenoir fabriquaient beaucoup de calicots pour l'impression ; leurs basins et leurs piqués ne le cédaient point à ceux de l'étranger, si bien qu'ils passaient pour fabriqués en Angleterre, de même que les vrais basins, les vrais piqués d'Outre-Manche passaient pour être de fabrique française. En plaçant les numéros des pièces de Richard sur des tissus anglais, les tissus anglais entraient en fraude, et rien ne pouvait les trahir à l'œil soupçonneux de la Douane.

Richard était souvent alors en voyage ; Lenoir, chargé d'occupations, laissait passer des semaines sans écrire : ils s'associèrent un homme actif et intelligent, M. Chauvet, qui versa deux cent cinquante mille francs dans la caisse, se chargea de la vente, de la correspondance, de la surveillance intérieure, habita Trenelle, et, quand il fut installé, permit à Richard de faire une plus longue tournée en Normandie.

M. Caffarelli protégeait l'industrie dans le Calvados, comme M. Magdelaine dans l'Orne : Richard eut toujours à se louer de ces deux préfets ; mais l'installation dans l'abbaye d'Aulnay fut beaucoup plus lente qu'à Séez et à Alençon : on avait dépensé quatre cent cinquante mille francs, et les travaux hydrauliques n'étaient pas encore terminés. MM. Roger frères s'effrayèrent et renoncèrent à l'association, en abandonnant leurs fonds, qui plus tard leur furent intégralement rendus, avec six pour cent d'intérêts. Cette séparation ne ralentit pas les travaux, n'ébranla point la confiance des deux amis dans le succès : le passé garantissait l'avenir.

Un jour que Richard était à la préfecture du Calvados, un commissaire de police vint apprendre à M. Caffarelli qu'une pauvre mère avait disparu en laissant deux petits garçons à la charité publique. L'idée vint au préfet de confier ces enfants à Richard jusqu'à l'âge de la conscription. Faites, lui dit-il, un atelier pour les enfants, comme vous en avez fait pour les femmes ; ils vous dédommageront de ce que vous aurez dépensé dans les premières années. — J'allais, répondit Richard, vous faire cette proposition. Seulement nous mettrons d'abord les enfants à Séez où tout est disposé pour les recevoir, tandis que je ne sais pas encore quand Aulnay marchera.

A partir de ce jour, non-seulement à Caen, mais dans tout le Calvados, dès que des parents ne pouvaient pas élever leur famille, elle accroissait le nombre des ouvriers de Séez : Séez était un lieu d'asile contre la paresse, la misère et les vices. Là, tous les enfants, garçons et filles, portaient un uniforme dont Richard faisait les frais ; tous recevaient des leçons de lecture, d'écriture, de calcul et de musique : à certains moments de la journée, on eût dit un pensionnat. Et le prévoyant Richard pensait à tout ; il craignait le repos de ses manufactures, les mauvais conseils des heures de loisir, les compagnies dangereuses, surtout les distractions funestes du cabaret. Pour empêcher le mal de pénétrer dans ses établissements, il y établissait des billards pour les jours fériés : l'idée même lui vint de faire construire à Séez une salle de spectacle !

Cependant les quatre grandes manufactures établies à Paris, à Séez, à Alençon, à Aulnay, ne suffisaient pas à l'activité croissante de Richard : il acheta un vaste local à Laigle pour un cinquième établissement. Et ce n'était pas pour écraser la concurrence : il l'appelait, au contraire, de tous ses vœux, il donnait des renseignements à qui en voulait, il ouvrait ses livres, il montrait bénévolement les registres de ses bénéfices, il n'avait à cœur que de susciter des rivaux. C'est que jamais manufacturier n'eut le désintéressement de Richard, c'est que Richard avait pour but principal l'honneur et la prospérité de son pays : un patriotisme sincère était la première de ses vertus. Aussi vit-il avec bonheur les filatures s'élever de toutes parts, et venir le moment où une foule de voix s'unirent à la sienne pour demander la prohibition des tissus étrangers. L'heure était arrivée de rappeler à l'Empereur les promesses du Premier Consul.

Napoléon fit appeler un matin Richard et Lenoir dans son cabinet. MM. Obercamp, Feret, son gendre, et Collin de Sussy, ancien administrateur des Douanes, y discutaient la question de l'importation. Ah ! çà, messieurs, dit l'Empereur à nos deux amis, vous réclamez définitivement la prohibition des toiles à impression et des mousselines ? — Nous rappelons à Votre Majesté ce qu'elle a bien voulu nous promettre depuis trois ans. — Mais c'est un monopole que vous voulez établir ? — Nous voulons, au contraire, appeler tout le commerce à participer aux bienfaits de la mesure que nous sollicitons. — Vos établissements sont assez considérables, sans doute, pour que vous ayez le plus d'intérêt à tuer les fabriques anglaises ? — Oui, Sire ; mais nous avons déjà gagné une assez belle fortune pour que l'on puisse voir autre chose dans nos travaux que l'amour du gain. — Jamais vous ne pourrez alimenter toutes les fabriques d'impressions. — Sire, outre nos cinq établissements, nous avons formé plus de dix filatures. Nous prenons autant de peines pour déterminer les commerçants à rivaliser avec nous, que nous nous en donnons pour rivaliser avec les Anglais. Si nous demandons la prohibition à Votre Majesté, c'est que nous sommes convaincus que les marchands français qui achètent à l'Angleterre s'intéresseront à notre fabrique et prendront nos toiles pour conserver leurs relations avec les imprimeurs. — Allons, messieurs, je vois avec plaisir que je me trompais sur vos intentions; vous ne voulez pas accaparer une branche d'industrie. — Ce que nous voulons, Sire, c'est appeler nos confrères à partager les avantages qu'elle présente, et nous espérons bien que M. Oberkamp lui-même se fera filateur et fabricant.

— Réellement, monsieur Oberkamp, reprit l'Empereur en se tournant vers lui, peut-on imprimer sur des toiles de fabrique française? — Oui, Sire. — Monsieur Richard, pourquoi tenir à la prohibition? Ne vient-on pas d'établir un droit de 50 pour cent? dit encore l'Empereur. Cela équivaut à la prohibition; n'est-ce pas, monsieur de Sussy? — Nul doute, Sire, qu'un tel droit ne soit aussi protecteur que la prohibition.

Richard démontra clairement que ce droit ferait la fortune de la Douane et des contrebandiers. Contrebandier lui-même à une autre époque, il savait mieux que M. Collin de Sussy ce que l'intérêt peut faire faire aux hommes. L'Empereur le comprit, et objecta les pertes du fisc. Richard répondit que l'on y suppléerait facilement si l'on mettait un droit de 50 centimes d'entrée par kilogramme de coton.

Enfin, dit l'Empereur à M. Oberkamp, croyez-vous que dans les fabriques françaises on travaille aussi bien que dans les fabriques anglaises ? — Oui, Sire ; mais je ne pense pas que l'on puisse jamais y faire les toiles à quarante-cinq sous l'aune, et celles-là, qui servent à l'habillement du peuple, sont les plus indispensables. — Qu'en dites-vous, monsieur Richard ? — J'offre à M. Oberkamp de lui fournir pour deux ou trois millions de ces mêmes toiles à quarante-cinq sous : voilà ma réponse. — Eh bien ! monsieur Oberkamp ? — Sire, ce sont des paroles que ces messieurs ne tiendraient pas. — Je prends l'engagement devant Sa Majesté, ajouta l'intrépide Richard, de payer cinq cent mille francs de dédit si, dans un temps fixé, je ne remplis pas mes engagements. — Je suis charmé de vous avoir entendu, et pour cette grande affaire, dit l'Empereur en riant, je ne vous demanderai pas de commission.

M. Oberkamp prétendit que ses magasins étaient encombrés, et que pendant plus de dix-huit mois il ne pourrait faire aucune commande. Du reste, il rendit justice au zèle de ses compatriotes, tout en ayant la conviction qu'ils ne donneraient jamais de bonne toile à aussi bas prix que les Anglais.

Le lendemain c'est devant le Conseil d'Etat, présidé par l'Empereur, que furent appelés Richard et Lenoir. M. Gros-Davilliers, manufacturier de l'Alsace, interrogé sur l'opportunité de la loi, dit qu'il la regardait comme contraire à l'intérêt de l'Etat et à celui du peuple. Il déduisit ses raisons avec élégance, d'une voix sonore, mais trop longuement. Au fait ! dit l'Empereur, au fait ! Pensez-vous que les Français puissent arriver à faire aussi bien que les Anglais ? — Oui, Sire, mais pas à aussi bon marché : nous n'aurons jamais du calicot à 45 sous l'aune.—Messieurs Richard et Lenoir, quelle est votre réponse ? — La même que Votre Majesté a déjà entendue : nous offrons cinq cent mille francs de dédit si nous ne fournissons pour deux millions de marchandises par an à ce prix-là. — Acceptez-vous ce marché, messieurs ? — Sire, nous avons nos provisions. — C'est fort bien : le Conseil est suffisamment instruit, vous pouvez vous retirer.

L'Empereur, qui avait parlé fort sèchement à M. Gros-Davilliers, fit à nos deux amis un signe amical de la main ; ils se retirèrent convaincus que la loi passerait.

Il était temps qu'ils rentrassent, car Lenoir était vivement préoccupé d'une maladie qui emporta, ce jour-là même, Christian, leur contre-maître de carderie. Christian était un jeune homme qui n'avait pas quitté Lenoir dans ses campagnes de la révolution ; Lenoir l'aimait comme un fils, plus qu'un fils. Quand il connut sa mort, il sentit qu'il ne lui survivrait pas. Le décret de prohibition ne lui causa aucune joie ; il n'eut plus souci des affaires ; pendant des semaines entières, il s'enferma, pleura son ami, et n'aspira qu'à le rejoindre. A l'approche de son dernier jour, il s'inquiéta de l'avenir de Richard ; jamais ils n'avaient fait d'acte de société, et il craignait les prétentions de ses beaux-frères. Un ami qu'ils consultèrent leur dit qu'ils étaient associés de fait d'après la loi ; mais que, pour prévenir toute atteinte à leurs fabriques, il fallait dissoudre leur société. La question était de savoir ce que Richard aurait à payer pour être propriétaire de tous les établissements qu'il avait fondés. Lenoir ne voulait pas que la somme fût portée à plus de cent mille francs. Richard insista pour payer sept cent cinquante mille francs la moitié des établissements et des propriétés. Ce fut contre le gré du mourant, qui, ne pouvant vaincre l'excessive délicatesse de son ami, lui demanda du moins de conserver son nom associé au sien, tant qu'il serait dans les affaires. Richard le promit sans peine, et Lenoir expira le 6 avril 1806.

Depuis ce jour, les noms des deux amis n'ont cessé d'être unis dans la signature du survivant, et l'avenir ne les verra jamais séparés. Richard et Lenoir étaient deux hommes de caractères bien différents, mais qui se complétaient l'un l'autre et travaillaient diversement au succès de leur association. L'un était ardent, fécond en projets, fécond en ressources pour l'exécution, très-communicatif, très-serviable, très-expansif ; l'autre, singulièrement calme et réfléchi, avait une raison froide, un esprit qui se refusait à tout élan de l'imagination, un penchant à la retraite qui le repliait sur lui-même, enfin une réserve dont il ne sortait que pour faire le bien. Tous deux étaient généreux et sensibles, confiants et probes, patriotes dans la meilleure acception du mot, dévoués aux ouvriers, qu'ils regardaient comme leurs enfants et qui avaient pour eux un attachement filial. Le premier n'a jamais trouvé dans le second le moindre défaut ; et les défauts que celui-ci remarquait parfois dans son associé lui semblaient si nécessaires au succès de leurs entreprises, qu'il les tenait pour des qualités. Du jour où ils se connurent jusqu'à celui de leur séparation prématurée, pas la moindre susceptibilité, pas une seule prétention, pas une rencontre d'intérêts opposés n'altérèrent l'harmonie de leurs âmes, ne troublèrent cette ferme et solide amitié.

Le convoi de Lenoir fut un hommage populaire de tout le faubourg Saint-Antoine, où tant de malheureux avaient été sauvés du désespoir par le travail. La douleur était empreinte sur tous les visages, où se lisait la reconnaissance de tous les cœurs.

Richard l'eût peut-être suivi dans la tombe, ou du moins se serait dégoûté de ses manufactures, s'il n'eût pas eu une femme aimée et une fille charmante qui le rattachèrent à la vie, puis cette famille immense d'ouvriers qui attendaient de lui leur pain de chaque jour. Sa sensibilité fut toutefois vivement atteinte, et l'on sait que depuis les obsèques de Lenoir il n'a pu rentrer dans le cimetière du Père-Lachaise.

Une diversion à sa douleur lui vint de ses rapports avec les héritiers de son ami, surtout du développement de son commerce, du perfectionnement de ses maisons, de l'établissement de nombreuses succursales. L'argent s'offrait en si grande abondance, qu'il ne cherchait pas à le retenir, et qu'il semblait indifférent sur les dépenses. Aulnay fini lui avait coûté un million.

Comme on ne connaissait pas encore les compagnies d'assurances, il fallait se garder soi-même contre le fléau du feu. La manufacture étant à quelque distance d'Aulnay, Richard fit faire des pompes à incendie et des seaux d'osier doublés de basane ; puis, un de ses ouvriers ayant été pompier à Paris, il le chargea d'instruire quarante de ses camarades dont on lui donna le commandement. Chaque homme de cette compagnie eut une haute paie et un logement dans la manufacture : c'était une dépense de 2,160 fr. par an. Cinq hommes faisaient le service de nuit et exerçaient une surveillance très-active. Le factionnaire, relevé d'heure en heure, embrassait d'un coup d'œil toute la vallée.

La prudence de Richard fut le salut d'Aulnay. Un incendie y éclata quelques années plus tard, et les témoins qui survivent s'accordent à dire que les pompes de la manufacture sauvèrent le bourg de la destruction.

M. Caffarelli, frappé des résultats obtenus à l'abbaye d'Aulnay, désirait que Richard établît à Caen, à l'abbaye Sainte-Trinité, une manufacture de la même importance. M. Lair, conseiller de préfecture, l'un des hommes les plus zélés pour le bien du pays, poussait à cette fondation avec les instances désintéressées qui l'ont mis toujours au premier rang des philanthropes ; mais Richard-Lenoir, après avoir attentivement visité les lieux, pesé les avantages et les inconvénients, renonça prudemment à des projets dont il n'attendait que de fâcheux résultats. Toutefois, comme il tenait à faire quelque chose qui fût agréable à ces messieurs, devenus ses amis, il acheta l'ancien couvent des Ursulines et y monta une filature. On y entrait par l'impasse des Ursulines, rue Saint-Jean. C'est aujourd'hui l'entrée de la rue Singer.

Richard-Lenoir était alors en pleine fièvre d'acquisitions. Il paya cette même année (1807) cent trente mille francs la grande écluse de Chantilly, où il commença d'immenses travaux, acheta une poterie de terre où il établit une fabrique d'impression, acheva l'établissement de Laigle, fit aux trois quarts celui de Caen, et se trouva propriétaire de six filatures dont les produits s'écoulaient avec une grande facilité, et donnaient de grands bénéfices.

Sa tête active ne s'en tint point à ces beaux résultats : non content d'avoir soustrait le commerce français au monopole de l'Angleterre pour la fabrique, il voulut l'affranchir de l'Amérique pour la production. Après avoir recueilli avec soin dans les balles de coton les graines qui s'y trouvaient, il en avait des quantités énormes, lorsqu'il apprit que l'on faisait à Cellamare et dans les jardins de Naples des essais de culture de cette denrée, devenue chère à raison de sa rareté. Cette culture le tenta. Un M. Bouisson, qui avait habité l'Italie, entra dans ses vues, et voulut bien partir avec dix mille kilogrammes de graine de coton Louisiane et Géorgie. Richard-Lenoir consentait à sacrifier cinquante mille francs à cette tentative ; il donnait carte blanche à son envoyé, mille francs par mois et la moitié des bénéfices de l'opération. Celui-ci, en attendant la récolte, s'occuperait du placement des marchandises fabriquées par notre grand manufacturier, et recueillerait autant de graines que possible.

Cette époque est la plus brillante de l'utile et prodigieuse carrière de Richard-Lenoir. Au mois de mars 1808, il continuait d'acheter de nouvelles propriétés à Chantilly, et possédait trente-neuf établissements ou succursales d'établissements en activité. Dans le courant de l'année, il faisait entrer en France plus de cinquante mille demi-kilogrammes de coton, et ses bénéfices dépassaient quinze cent mille francs.

Qu'il nous soit permis de nous arrêter un instant à cet apogée de la fortune de Richard-Lenoir. Le propre des ri-

chesses est d'exalter l'esprit et de gonfler le cœur. Un homme
parti de si bas, arrivé si haut, ayant quinze à seize mille
hommes sous ses ordres, accueilli par les grands de l'Etat,
estimé du chef de l'Empire, qui lui fit l'honneur insigne d'as-
sister à l'une de ses soirées, pouvait se croire un personnage,
dédaigner les humbles et mépriser les petits. Il n'en fut point
ainsi. Jamais l'orgueil ne se glissa dans son âme, vraiment
grande et désintéressée. L'ouvrier le regardait comme un père,
ses rivaux l'avaient pour ami, les malheureux pour bienfaiteur. Sa parole était confiante et ferme, quelquefois impé-
rieuse, jamais hautaine. Le fils de paysan ne tranchait pas du
grand seigneur et ne recherchait point les distinctions honori-
fiques, les titres ambitionnés par la vanité. Il était simple et
bon, quoique vif, et la fougue de son caractère ne se révélait
que dans les contradictions et les obstacles qu'il rencontrait au
succès de ses entreprises. Encore avait-il pour mobile de ses
irritations, moins le désir d'ajouter à sa fortune, que la crainte
de voir triompher des principes funestes aux intérêts et à l'honneur de la France. La France, la gloire de la France par le
commerce comme par les armes, dans la paix comme dans la
guerre, était l'idole de Richard-Lenoir. Il aimait l'Empereur,
qui donnait à cette France, sauvée par lui de l'anarchie,
une immortelle auréole ; il aimait le peuple, qui faisait la
force de la patrie ; il aimait la révolution qui avait brisé les entraves de l'industrie et s'était affermie par des victoires. Plus
d'une fois il fut trompé par des hypocrites qui feignaient des
calamités imaginaires : il se repentit, sans chercher à éviter de
si honorables erreurs, et le plus souvent il plaça convenable-

ment ses bienfaits. Sa famille, sa commune natale, même les communes voisines, en éprouvèrent l'efficacité. Un besoin de soulagement pour la misère, de réparation pour les édifices religieux, d'amélioration pour des institutions utiles, ne lui était pas plutôt signalé, qu'il déliait sa bourse, ouvrait un crédit ou se portait caution.

La nef de l'église d Epinay-sur-Odon, de cette humble église où il avait été baptisé quarante-trois ans auparavant, était tombée en ruines, et en 1808 on la rebâtissait : il envoya deux mille quatre cents francs pour aider à la reconstruction, et donna chaque année trois cents francs pour les pauvres, tant que dura sa prospérité. Aussi la reconnaissance des fabriciens lui réserva-t-elle un banc d'honneur pour lui et sa famille dans cette église de sa paroisse natale.

Lui seul peut-être en France osa, à cette époque mémorable de 1808, où sa fortune était arrivée à son degré suprême, comme celle de l'Empire, lui seul osa intervenir en faveur des conscrits réfractaires de son département. M. Caffarelli eut beau lui remontrer combien la loi était sévère ; il eut beau lui dire qu'il fallait quatre mille cinq cents francs de cautionnement par chaque homme arrêté, Richard–Lenoir prit l'engagement de les fournir : générosité gratuite, qui ne fut compromise par aucun de ceux en faveur desquels elle était faite : on doit le remarquer pour l'honneur des conscrits, comme pour l'honneur de Richard-Lenoir.

Dans ce même temps de sa prospérité, il payait des rentes annuelles à des religieuses indigentes, il faisait apprendre des états à des orphelins, il consacrait de fortes sommes à secourir des pauvres honteux, à doter des filles sans fortune, à encourager des débuts, des vocations, des dévouements. Partout où le malheur s'appesantissait, il apportait des secours, et sa pitié ne faisait aucune acception de personnes : on l'a vu habiller des centaines de prisonniers espagnols à Saint-Quentin, de même que, pendant la disette de 1812, il envoya d'énormes quantités de riz non-seulement à Epinay-sur-Odon, mais à plusieurs autres communes du voisinage.

Le bon emploi de la fortune n'est point une garantie contre les revers. Richard-Lenoir en fut la preuve. Ses intérêts cessèrent un jour d'être d'accord avec ceux du gouvernement, et ce jour-là s'arrêta sa prospérité et commença sa ruine. On voulut essayer la culture du coton dans les départements méridionaux, et, pour la favoriser, on éleva démesurément les droits d'entrée. Quand ils furent élevés à huit cent quatre-vingts francs par quintal métrique, au mois d'août 1810, la filature et la fabrique d'impression ne purent marcher qu'au moyen de millions empruntés à gros intérêts. Richard-Lenoir y recourut et ne sut pas s'arrêter à temps. Son point d'honneur, à lui, était de sacrifier aux ouvriers ce qu'il avait gagné par les ouvriers. D'ailleurs, il était heureux de l'accueil fait aux cotons de Naples, et jouissait beaucoup de l'idée que l'Europe se passerait, quand elle le voudrait, de ceux d'Amérique.

Un soir, il fut appelé par le ministre de l'intérieur, M. de Montalivet, pour conférer sur la culture du coton dans les Etats-Romains, sur les dépenses que son introduction occasionnerait, enfin sur les avantages qu'on en pouvait espérer. Richard-Lenoir promit de faire un plan pour le lendemain. Je compte.

sur vous, dit le ministre ; l'Empereur a la plus grande confiance dans votre génie créateur, et c'est vous qu'on chargera de tout organiser. — J'accepterai, dit Richard-Lenoir, à condition que je n'aurai rien à recevoir : je ferai des essais à mes risques et périls, comme pour le filage et le tissage : je n'ai en vue que l'intérêt public. — Vous en avez donné tant de preuves, que votre projet sera, j'en suis sûr, adopté par l'Empereur, puisqu'il ne coûtera rien au Trésor.

Depuis longtemps le gouvernement mettait des entraves à l'entrée des cotons, et voulait amener les filateurs à leur substituer des laines. Il y avait à Altona beaucoup de cotons américains. Richard-Lenoir demanda l'autorisation de faire entrer quatre mille balles, sur lesquelles il voyait un bénéfice sûr de douze cent mille francs. Ce bénéfice, il le consacrait aux nouvelles plantations dans les Etats-Romains, et voici son projet : il faisait venir cinquante planteurs de Naples et de Castellamare ; il formait cinq divisions et plusieurs subdivisions ; il promettait aux planteurs, outre de fortes journées, un intérêt dans la récolte. Lui-même irait choisir les meilleures terres, ferait commencer les travaux, et ne quitterait les Etats-Romains que quand l'organisation serait complète.

M. de Montalivet trouva ce plan d'une exécution à la fois facile et économique. Richard-Lenoir ne prévoyait aucun obstacle, lorsque, l'Empereur ayant soumis le projet au Conseil d'Etat, cette assemblée réduisit à deux mille balles l'autorisation de faire entrer le coton d'Altona.

Richard-Lenoir, accoutumé aux sacrifices personnels, s'indigna de cette mesquinerie du Conseil. Si l'on s'imagine, dit-il au ministre, que je voulais spéculer en ce moment, on se trompe; je ne désirais qu'être utile au gouvernement. J'aurais volontiers laissé mes affaires en souffrance pendant quelques mois : maintenant je renonce à mes belles dispositions, puisqu'on a voulu marchander mon dévouement ; on m'autoriserait à entrer dix mille balles, que je refuserais. Je ferai pour mon compte ce que j'aurais essayé pour le gouvernement de l'Empereur.

M. de Montalivet le pria de fournir du moins quelques milliers de graines; Richard les fournit, et fit planter en Italie. L'année fut mauvaise, il perdit ses récoltes, et n'en continua pas moins de se faire bâtir à Paris une habitation splendide: elle lui avait déjà coûté, en 1810, sept cent quarante-six mille neuf cents francs. D'un autre côté, la réunion de la Hollande à la France bouleversa le commerce; l'énormité des droits jeta dans la circulation une immense quantité de marchandises. Celles de Richard-Lenoir restaient en magasin, et les valeurs de son portefeuille ne pouvaient se négocier. Sans doute il possédait des terres, des maisons, des fabriques, des produits manufacturés, mais sa caisse était vide. En février 1811, il écrivit à l'Empereur, il lui exposa sa situation, et la réponse ne se fit pas attendre. L'Empereur le rassurait et l'adressait à M. Mollien, ministre du Trésor public.

M. Mollien, qu'il alla voir le soir même, le reçut avec affabilité, et lui dit de se présenter le lendemain à la Trésorerie, où il recevrait les fonds dont il avait besoin pour le moment. La joie qu'il éprouva fut tempérée par un premier accès de goutte, maladie douloureuse dont il eut depuis de fréquentes attaques.

Cette première entrevue le mit en relations avec M. Mollien, qui comprenait merveilleusement les affaires industrielles, et qui lui donna sur sa position d'excellens conseils. Pourquoi, lui disait-il, avoir établi tant de fabriques ? Vous portez la peine de vos vues gigantesques. — Mes prévisions étaient donc justes quand je promettais à l'Empereur de suffire à la consommation, s'il prohibait les tissus étrangers. Que serions-nous aujourd'hui avec la concurrence ? Jugez si mes plaintes ne sont pas légitimes : j'ai ouvert une mine où le gouvernement puise sans songer à nous, et il ruine ceux qui l'ont enrichi, il nous ruine en faisant continuellement monter le prix des marchandises premières par d'énormes impôts.

Ces impôts avaient pour cause les guerres incessantes de l'Empire, et cette cause déplorable fit tuer plus d'une poule aux œufs d'or. En résumé, M. Mollien engagea Richard-Lenoir à se défaire de plusieurs établissements. Celui-ci, qui avait refusé huit cent mille francs d'Aulnay avant l'augmentation des cotons, ne trouva plus d'acquéreurs. Il ne put que louer pour deux années sa filature de Caen, et vit que la défaveur atteignait tous ses établissements.

On l'avait nommé membre du conseil des fabriques et manufactures, établi près du ministre de l'intérieur. Dans sa lettre, ce ministre lui disait : « Les connaissances dont vous avez fait « preuve dans le goût de la fabrication auquel vous vous livrez, la réputation dont vous jouissez, votre attachement « à la prospérité des manufactures de la France, ont décidé « mon choix, et me promettent de votre part le plus heureux « concours dans les opérations dont ce conseil aura à s'occu-

« per, etc. » Rien de plus honorable ; mais Richard-Lenoir n'en succombait pas moins sous le poids d'impôts exorbitants. Dieu sait toutefois quel fut l'héroïsme de sa lutte. Grâce à une autorisation qu'il obtint, il fit entrer en Italie cent mille kilogrammes de cotons filés, cinquante mille pièces de basins, de piqués, de mousselines et de calicots, et douze mille pièces de toiles imprimées. Il eut des commis-voyageurs dont les tournées furent profitables, et qui lui firent regretter de n'avoir pas employé plus tôt ce moyen d'écoulement pour ses marchandises.

Cependant le Trésor réclamait les quinze cent mille francs que l'Empereur avait fait prêter à Richard-Lenoir; les cotons ne cessaient d'augmenter, le crédit de notre grand industriel baissait sensiblement. Si son prudent ami n'était pas mort, il lui aurait sans doute ouvert les yeux sur sa position et l'aurait sauvé de sa ruine. Il en était temps, certes, et l'un de ses employés l'essaya. Vous pouvez, lui dit-il un jour, payer une partie de vos créanciers par des traites sur vos débiteurs, et le reste avec des marchandises. Vous avez présentement à vous huit millions ; votre maison roule sur près de quatorze ; sacrifiez-en deux ou trois pour vous liquider, et vous serez bien riche encore. Votre amour-propre doit être satisfait : vous avez voulu faire une école pratique et créer une industrie particulière à la France ; vous avez pleinement réussi. Maintenant que le rôle de créateur est fini pour vous et devient dangereux, jouissez de vos succès et soyez capitaliste.

Rien de plus raisonnable; mais c'était le conseil de Cynéas à Pyrrhus. Pyrrhus ne céda point, et le grand industriel ne fut pas plus sage.

M. Méchin avait remplacé M. Caffarelli dans la préfecture du Calvados, et, quoiqu'il traduisît alors les Satires de Juvénal, il s'occupait avec zèle des intérêts du commerce, et désirait que Richard-Lenoir établît enfin une fabrique dans l'Abbaye-aux-Dames ou Sainte-Trinité. Celui-ci recula devant les dépenses qu'il faudrait faire pour y amener l'eau, et craignit d'ailleurs d'autres inconvénients de construction : il y renonça.

Les besoins d'argent allaient croissant pour l'Etat comme pour lui, à cette époque si voisine de nos désastres : aussi le ministère de l'intérieur cherchait-il incessamment les moyens d'augmenter l'entrée des cotons. On accorda des licences à cet effet, à la condition d'exporter des marchandises françaises pour une somme 'égale à celle des cotons importés. Or, le gouvernement anglais, qui les vendait, n'accordait guère l'entrée qu'aux bronzes et aux porcelaines. Il fallait donc jeter à la mer la plupart des marchandises qu'on faisait admettre, à prix d'argent, par les préposés de la Douane. Ce n'étaient pas seulement les vieux habits brodés, les vieilles défroques des grandeurs déchues que l'on jetait aux flots de la Manche; c'é-taient les débris vénérables et inappréciés des bibliothèques de châteaux et de monastères, les manuscrits sur vélin mer-veilleusement copiés par les cénobites du moyen-âge, souvent enrichis de miniatures que l'art moderne admire, que parfois il imite, et qu'il ne se flatte pas de surpasser jamais. On ne peut trop déplorer la perte irréparable de tant de richesses ainsi dé-daignées, ainsi sacrifiées par l'ignorance : ces chefs-d'œuvre étaient sans valeur comparativement aux cotons de l'Inde. Le commerce a de ces aveuglements barbares, et c'est là son côté vulnérable ; accoutumé à ne voir que la matière, à ne spéculer que sur la matière, à tirer de la matière tous ses profits, il donne parfois à la matière une importance qu'elle ne doit point avoir, et, dans son estime, relègue aux rangs inférieurs ce qu'enfantèrent l'intelligence, la sensibilité, l'imagination, surexcitées et s'épanouissant en œuvres de génie : pourquoi ne le dirions-nous pas ? trop souvent la spéculation mercantile ferme les yeux aux beautés de l'art, et n'accorde que difficilement aux artistes la considération qu'obtient d'elle tout négociant inepte, favorisé de la fortune.

En achetant de la Douane des appréciations qu'il croyait exagérées, Richard-Lenoir ne se doutait pas plus qu'elle de leur infériorité, et de la valeur de ces bouquins que nous regrettons encore après un demi-siècle. .

Ce vandalisme, au reste, ne sauva personne, et Richard-Lenoir subit tous les inconvénients du système qui, de 1810 à 1814, faisait payer plus de onze francs le demi-kilogr. de coton. Notre opiniâtre manufacturier en consommait plus de trois cent mille kilogrammes dans ses grandes filatures ; il lui fallait trois millions de plus qu'au commencement pour ses quinze à seize mille ouvriers.

Un tel état de choses fit chercher à Richard-Lenoir de nouvelles combinaisons pour échapper à sa ruine. Il connaissait un mécanicien nommé Dobo, avec lequel il s'entendit pour faire servir les mull-jennys à filer la laine. Dobo dépensa huit cent mille francs à cet effet, et le résultat fut favorable : en 1814, la laine filée par les moyens nouveaux se vendit vingt-sept francs le demi-kilogramme. Richard-Lenoir songea

dès lors à métamorphoser toutes ses filatures de coton en filatures de laine. Malheureusement ses magasins regorgeaient
de marchandises dont la vente devenait chaque jour plus difficile ; car la victoire s'était montrée infidèle à nos armées, nos
désastres étaient grossis par les rumeurs populaires, les esprits s'inquiétaient, les cœurs se resserraient, et, ce qui rendit
plus sérieuses toutes les alarmes, le gouvernement sentit, au
commencement de janvier 1814, le besoin de se défendre à
l'intérieur. Il voulut ranimer le zèle de la garde nationale, et
rappeler des idées libérales, longtemps combattues et pros-
crites. En réorganisant cette milice citoyenne, on chercha des
chefs influents, et, le 8 janvier, Richard-Lenoir fut mis à la tête
de la huitième légion : le 16, il prêtait serment entre les mains
de l'Empereur, et ses hommes furent bientôt habillés.

Bientôt aussi l'ennemi s'avança vers la capitale de la France.
Les manœuvres admirables de Napoléon dans cette campagne
héroïque ne purent arrêter les légions trop nombreuses des
coalisés ; les malades et les blessés que l'armée envoyait à
Paris encombraient les hôpitaux. Toute affaire avait cessé ;
une seule pensée préoccupait les esprits : quelle serait l'issue
de la guerre ? Les fusils manquaient, une partie des soldats de
Richard-Lenoir étaient armés de piques : c'était peu rassu-
rant.

L'intrépide chef de la huitième légion jugeait de la France
par son courage personnel et par son dévouement à l'Empereur ; l'honneur français, la gloire nationale, faisaient battre
son cœur ; il croyait fermement à la possibilité de défendre
Paris. Aux objections de l'un de ses chefs de bataillon, M. de

Saint-Roman, il répondait qu'on pouvait du moins arrêter les ennemis quelques jours, et donner à Napoléon le temps de les prendre à dos et de les envelopper. On pouvait créneler les maisons de Paris, dépaver les rues, faire des retranchements et attendre les bombes. — Attendre les bombes ! s'écria M. de Saint-Roman : j'ai douze maisons dans Paris ; que les étrangers entrent librement ; j'aime mieux cela que de voir flamber ma fortune. D'ailleurs, il n'y a plus rien à défendre ; c'en est fait de l'Empire !... Son opinion prévalut.

Richard-Lenoir voulait encore espérer. En attendant l'ordre de marcher aux barrières, il visita avec quelques amis l'hôpital improvisé au couvent de La Croix : ils virent des malheureux, blessés, mutilés, couchés sur la paille, privés de médicaments et mourant de faim. Ils en virent un, qui avait eu la cuisse cassée d'un coup de biscaïen, expirer d'inanition. La paille était fétide, et l'inspecteur de service ne jugeait pas encore nécessaire de la renouveler. L'infirmier déclara qu'il en faudrait huit cents bottes, et Richard-Lenoir s'empressa de les fournir ; puis il réunit les officiers de sa légion, leur fit part du dénûment affreux des malades, proposa une souscription pour les secourir, leur dit que, du reste, il n'avait pas attendu leur adhésion pour faire approprier les chaudières de sa blanchisserie, que dès le lendemain il distribuerait des soupes, et qu'il les invitait à goûter de son premier bouillon.

Le lendemain, en effet, ses ouvriers inoccupés distribuèrent à chaque malade une soupe excellente, et de ce moment la mortalité diminua. Tous les soldats de la huitième légion contribuèrent à cette bonne œuvre par des offrandes versées entre les mains de leur chef, qui tripla, qui quadrupla les fonds, et refusa de rendre des comptes pour qu'on ignorât ses droits à l'indemnité.

Cependant l'ennemi approchait toujours. Richard-Lenoir ne cessait de demander des armes ; son zèle patriotique s'enflammait de plus en plus en présence du danger. Enfin le maréchal, duc de Conégliano, lui écrivit, le 30 mars 1814 : « La propo-« sition de M. Richard-Lenoir me paraît fort avantageuse, et « je ne puis qu'applaudir au zèle qui l'a dictée et à celui dont « sa légion est animée. Je l'invite donc et l'autorise au besoin, « s'il se présente des officiers, sous-officiers, grenadiers ou « chasseurs de bonne volonté, à pousser, en avant de la partie « d'enceinte, des patrouilles et reconnaissances qui éclairent « principalement la grande route de Lagny par Vincennes, et « la petite route de Montfermeil par Rosny et Gagny, ainsi « que les hauteurs, villages et bois que traversent ces routes « et leurs embranchements. Je lui recommande seulement de « combiner ses patrouilles et reconnaissances de manière « qu'elles se fassent avec sagesse et prudence, et qu'elles ne « nuisent point à la garde et au service de l'enceinte et de « l'intérieur de son arrondissement. »

Le lendemain, 30, la légion de Richard-Lenoir occupait l'avenue de Vincennes ; on fit sortir, pour la protéger, des pièces de canon qu'enleva la cavalerie ennemie : les élèves de l'Ecole Polytechnique demandèrent à Richard-Lenoir de les reprendre ; celui-ci s'adressa aux hommes de sa légion pour accompagner ces braves jeunes gens. « Si vous marchez, nous marcherons, » dirent les gardes nationaux ; et l'héroïque chef de la huitième légion fut suivi de tous ses soldats, qui reprirent les pièces et les payèrent du sang d'un certain nombre d'entre eux.

Richard-Lenoir se multipliait. Il commandait l'attaque, et faisait transporter les blessés soit à sa maison de Bon-Secours, soit au couvent de La Croix, où ils recevaient les soins les plus empressés. Ses commis, ses domestiques, servaient d'infirmiers; sa conduite fut admirable.

A quatre heures du soir, un officier de l'armée étrangère vint le prévenir que Paris avait capitulé. Il ne pouvait croire à cette nouvelle, et le prenant pour un espion, il l'envoya sous escorte à l'état-major; mais bientôt la vérité lui fut connue, et il fit cesser le feu.

Le 31 mars, les Russes entraient par la grande rue du faubourg Saint-Antoine. Des ouvriers de ce faubourg, faits prisonniers la veille, étaient attachés avec des cordes aux canons et aux fourgons; leurs camarades voulaient les délivrer. Richard-Lenoir eut la prudence de les calmer, en répondant sur sa tête qu'ils seraient libres le lendemain.

Il alla, le 1er avril, à l'état-major russe, place Vendôme. Avant d'entrer, il vit quelques individus, mystérieusement protégés, les uns au haut de la colonne, où ils avaient passé des cordes autour de la statue de l'Empereur, les autres les attachant à six chevaux vigoureux pour la renverser. Transporté d'une juste indignation, Richard-Lenoir demanda au chef de la deuxième légion si l'on travaillait par ordre des alliés. Non, répondit-il. — Alors comment permettez-vous une telle infamie? — Je ne puis l'empêcher. — Mais, si vous voulez, je vais vous chercher dix mille homme du faubourg Saint Antoine.

Le peuple, partageant les sentiments de Richard-Lenoir, lui proposa d'envahir la colonne et de jeter en bas ceux qui travaillaient au sommet. Ne faites rien encore, dit-il aux plus exaltés; en sortant de l'état-major russe, je vous reverrai.

Il entra en même temps que le général russe, qui apprit ce qui venait de se passer. Frappé de la menace de jeter par-dessus les rampes les hommes chargés du travail, il dit tout haut: Faites-les descendre; quand le Sénat aura prononcé la déchéance, on verra ce qu'on devra faire.—A la bonne heure ! dit Richard-Lenoir, dont la colère était concentrée: vous êtes les maîtres ici, agissez militairement ; il nous faut tout souffrir, puisque nous avons fait lâchement notre soumission; mais que d'indignes Français perdent à ce point le sentiment de la gloire nationale !.. tant que j'existerai, je ne le souffrirai pas. — Calmez-vous, reprit le général; j'ai donné des ordres, tout est fini.

Alors Richard-Lenoir demanda qu'on mît en liberté les prisonniers du faubourg Saint-Antoine. Le général répondit que, ayant été pris les armes à la main, ils ne pouvaient être rendus. « J'ai pourtant promis de les ramener aujourd'hui dans leurs familles; j'en ai répondu sur ma tête; toutefois je ne crains rien pour ma personne; on sait que l'impossible seul m'empêchera de tenir ma parole ; mais la tranquillité du faubourg ne sera plus assurée; votre armée aura peine à contenir ces hommes qu'un mot de moi a calmés hier ; songez qu'une première émeute peut soulever toute la capitale. »

Ces mots accentués avec une ferme conviction donnèrent à rélléchir au général. Il promit de rendre les prisonniers dans la soirée. « C'est à l'instant qu'il me les faut, dit Richard-Lenoir; je ne puis partir sans eux. »

Une telle insistance imposa au général ennemi, qui rendit les prisonniers, et, comme témoignage d'estime pour le courageux manufacturier, alla déjeuner avec lui à Bon-Secours.

Le zèle de plusieurs chefs de légion se signala par un empressement incroyable à substituer la cocarde blanche à la cocarde tricolore. Richard-Lenoir attendit la loi qui ordonnait ce changement, et il en fit les frais pour ménager la susceptibilité de ses soldats, qui ne voyaient pas sans répugnance substituer le drapeau de l'ancien régime à celui de la révolution.

Le comte d'Artois entra dans Paris, et le commerce se demanda : « Que fera le nouveau pouvoir ? Modifiera-t-il les droits sur les marchandises des Indes? Maintiendra-t-il les droits sur les cotons jusqu'à ce que les fabricants aient vendu ce qu'ils ont en magasin? ou bien supprimera-t-il ces droits en payant une indemnité? » Rien n'eût été plus convenable. Quand on modifie des droits, quand on supprime ceux qu'on a perçus, il est juste de faire un inventaire de ce qui est dans les magasins, et de payer aux négociants la différence entre les droits supprimés et les droits nouveaux, si l'on en conserve.

Il n'en fut pas ainsi en 1814. Les Anglais étaient trop écoutés dans les conseils de l'Etat; ils dictèrent l'ordonnance du 23 avril, qui, supprimant tout impôt sur les cotons, sans aucune indemnité pour les filateurs et les fabricants, porta le coup de grâce à leur industrie. Le 22 avril, Richard-Lenoir avait huit millions à lui; le 24, il était ruiné.

D'après un état de situation dressé par lui, en 1808, il possédait une quarantaine de fabriques qui occupaient dix mille six cent quarante-huit ouvriers. En 1809, il en occupait près de quatorze mille, plus de quinze mille en 1812. Ce nombre a été porté à vingt mille par un de ses biographes.

Il y a des fortunes qui s'écroulent tout d'un coup, comme si pour elles s'ouvrait un abîme. Il en est d'autres qui ne disparaissent qu'à la longue, surtout celles qui ont à leur tête un homme supérieur. Richard-Lenoir avait le génie des affaires industrielles : il devait, avant de succomber, épuiser toutes les ressources, toutes les combinaisons stratégiques, comme l'Empereur dans sa fameuse campagne de France. Il continua à organiser ses filatures de laine, qui arrivaient presque au moment où l'invasion des étoffes de coton étrangères écrasaient toute concurrence.

On sait que la garde nationale de Paris rendit des services aux Bourbons en cette année de leur retour, 1814. Le 12 décembre, le comte d'Artois distribua les décorations accordées à cette milice citoyenne dont il était le colonel général pour tout le royaume. En rendant compte de cette cérémonie, le *Moniteur universel* dit que « les choix sont tombés en général « sur les officiers, sous-officiers, grenadiers ou chasseurs qui « ont été blessés dans la journée du 30 mars, ou ont donné des « preuves de courage et de fermeté dans cette journée, et « dans les instants difficiles où la garde nationale a été char- « gée de la défense et de la police de Paris... » Il ajoute que : « ce travail a fait connaître des traits d'humanité d'autant plus « dignes de récompense, qu'ils ont été faits sans espoir d'en « obtenir. » La conduite à la fois humaine et héroïque de Richard-Lenoir, à la fin de mars 1814, semble avoir dicté cette dernière phrase.

La plupart des légions obtinrent neuf croix; la première, accordée à la huitième, le fut à son chef Richard-Lenoir. Nul ne l'avait mieux méritée, et nul n'en tira moins vanité. Son père en était plus glorieux. Sa tête était moins forte que celle de son fils, et depuis longtemps elle avait été tournée par la fortune. Sur l'invitation de Richard-Lenoir, trop inconsidérément généreux, le vieux paysan d'Epinay était venu demeurer à Chantilly, où l'opulent manufacturier, dans sa grande prospérité, lui faisait soixante mille francs de rente et payait parfois les dettes du bonhomme. Richard-Lenoir ne se plaignait point de ces folles dépenses; seulement, quand son père demandait un supplément, il lui adressait quelque plaisanterie sur la cause du déficit. « Ah ! lui disait-il un jour, je crois que les minois de Chantilly sont plus coûteux que l'eau-de-vie de Villers ou le cidre d'Aulnay. » Force fut donc de se restreindre dans les jours de décadence. La sagesse du vieillard lui revint avec la pauvreté, et il a dû mourir à Chantilly, vers 1818. Son fils fut pour lui le meilleur des fils, comme il fut le meilleur des oncles pour ses neveux.

La croix d'honneur qu'il avait reçue comme chef de légion n'était pas une distinction spéciale pour ses travaux, une récompense pour ses luttes industrielles; conséquence d'une mesure politique, elle ne fut pas un lien qui l'attachât aux Bourbons, quand Napoléon échappa de l'île d'Elbe, rentra dans Paris, reprit la couronne, et ranima les sentiments de ses amis en promettant d'établir enfin l'équilibre entre le principe d'autorité et les institutions libérales. Richard-Lenoir était facile à l'enthousiasme : Napoléon, c'était pour lui la gloire de la France, c'était le drapeau tricolore planté sur les clochers de toutes les capitales, c'était la révolution affermie, consolidée, triomphante ; il se mit de tout cœur au service du nouvel Empire, à la tête des ouvriers fédérés du faubourg Saint-Antoine, et mérita d'être porté sur la liste des exilés, à la seconde Restauration. Alexandre, empereur de Russie, sentit mieux que les conseillers de Louis XVIII la valeur des services rendus par Richard-Lenoir ; il effaça son nom de la liste des proscrits, et le laissa se débattre en France contre la mauvaise fortune.

Le spectacle de cette lutte héroïque n'aurait pas moins d'intérêt que les efforts du manufacturier normand pour affranchir sa patrie des tributs qu'elle payait à l'industrie anglaise ; mais Richard-Lenoir, qui a fait écrire un premier volume de Mémoires sur sa *grandeur*, n'a point dicté le second, qui devait rappeler les causes de sa *décadence*. Peut-être a-t-il bien fait de ne pas continuer cette œuvre, si éloignée de l'élévation et de la simplicité qui auraient dû présider à sa composition. Nous regrettons cependant d'être privés d'une foule de détails sur les ressources qu'il déploya pour continuer à donner du travail, du moins le plus longtemps possible, à des milliers d'ouvriers, et pour satisfaire en même temps ses créanciers impitoyables. Il fallut vendre, souvent trop tard, tant de beaux domaines transformés par lui à grands frais ; il fallut soutenir des procès ruineux, emprunter de toute main, et perdre cette grande position, cette honorable influence sur le commerce parisien, conquise par l'intelligence la plus active qui fut jamais.

Son gendre, Lefebvre, admirait ses ressources, son intelligence, ses illusions, et lui fournissait de l'argent pour faire valoir ses droits et tenter parfois de nouvelles entreprises ; car l'esprit de spéculation n'abandonna point Richard-Lenoir dans ses malheurs ; à tout moment son imagination féconde enfantait des projets dont l'espérance lui montrait le succès infaillible, et qui lui faisaient plus vivement regretter son ancienne opulence. Cruelles déceptions de son génie inventeur ! Les millions lui échappaient, faute d'un premier million qu'il n'avait plus et qu'on refusait de lui prêter !

Au milieu de ses soucis, il épousa en secondes noces [1] une

---

[1] Ce fut sans doute dans les premiers mois de 1824, car Richard-Lenoir, dans une lettre adressée à son frère Jean-Baptiste, le 22 janvier de cette année, et que son fils Louis Richard a bien voulu nous offrir, demande, en post-scriptum, son extrait de naissance et l'extrait mortuaire de sa mère, *légalisés*. Voici cette lettre, moins le post-scriptum. Nous la donnons dans la rouille de son orthographe et son excessive sobriété de ponctuation, qui, par mégarde, laisse tomber une seule virgule :

« Je Recu tes deux Poulardes que ta lettre mannoncé Je ten remercie
« ton Epouse ma Ecrit a lEgard de ton Garçon Je Ecrit à son frere de
« laigle qu'il pouvoit le prendre qu'il le mettroit a apprendre la serru-
« rerie la forge a Prés il lui apprendra la filature le tissage ont lui
« donnera un maitre dEcriture et de calcul pour le mettre a même de
« conduire un Etablissement Il sera nourri et logé avec son frere, mais
« il faut que cela convienne a son ainé cela depend totalement de lui
« tant que je pourroit faire pour toi et tes Enfants des choses pour votre
« bonheur Je le feroit

« Jai tembrasse et ton Epouse et tes Enfants et ton frere

« RICHARD »

Nous avons copié scrupuleusement cette lettre, non pour abaisser celui qui l'a écrite, mais au contraire pour faire apprécier la valeur intrinsèque d'un homme qui s'est élevé si haut sans le secours des études secondaires. Aujourd'hui le pédantisme seul pèse les syllabes et a la prétention de ramener les gens d'affaires aux études grammaticales. Il oublie qu'il veuve, la comtesse de Montholon, femme de grand sens et de grand cœur, qu'il connaissait depuis longtemps, et qui resta fidèle à une illustration commerciale déchue, comme d'autres le sont à des héros tombés.

La nouvelle dame Richard-Lenoir eut tous les sentiments de son mari pour sa famille. Elle invitait ses neveux et ses nièces à l'aller voir à Paris ; elle partageait les illusions de Richard-Lenoir sur les moyens qu'il imaginait de rentrer par des coups de maître dans la carrière de l'industrie, et gémissait que l'Empire ne fût plus là pour lui faire encore des prêts de quinze cent mille francs.

La lutte continua et devint de plus en plus pénible. A soixante-douze ans, Richard-Lenoir, accablé d'ennuis, désespéra pour la première fois et se résigna à mourir pauvre. Un bon citoyen qui lui devait la source de sa fortune, s'émut de cette position navrante ; il en parla à quelques hommes de cœur, et une souscription fut ouverte pour rendre un peu d'aisance à celui qui avait nourri des milliers de familles pendant des années, au lieu de capitaliser en millions ses bénéfices acquis et très-faciles à réaliser.

n'y a que la pensée qui doive diriger dans ce qui n'est que du domaine de la pensée, comme les entreprises commerciales. Ce n'est pas aux négociants de se montrer puristes, de même que ce n'est pas à eux d'afficher du dédain pour les lettres. Les lettres sont l'expression la plus élevée comme la plus délicate de l'âme humaine : reflet de la lumière divine, elles dominent toutes les combinaisons qui se bornent à la matière, qui n'ont pour objet que l'exploitation de la matière et pour résultat que l'accroissement de notre bien-être matériel : elles respectent le commerce et l'industrie, l'industrie et le commerce leur doivent bien quelques égards.

Nous regrettons d'avoir à le consigner ici : la souscription fut froidement accueillie. On obtint sans doute des signatures de la famille royale et de quelques personnages honorables; mais de nos jours, les hommes du lendemain oublient si facilement les célébrités de la veille, que bien des gens se demandaient ce qu'était ce Richard-Lenoir et ce qu'il avait fait pour exciter l'intérêt en 1837. Afin d'éveiller des souvenirs et d'éclairer beaucoup d'hommes nouveaux, les citoyens honorables qui s'étaient mis à la tête de la souscription firent imprimer une brochure de quelques pages, citée par plusieurs bibliographes et que nous avons vainement cherchée pendant un mois. M. Baudement seul a fini par la découvrir à la bibliothèque impériale. Nous l'avons copiée et nous la donnons ici. Malgré quelques phrases déclamatoires, elle est à conserver comme un résumé de faits positifs et comme un témoignage.

NOTICE BIOGRAPHIQUE.

A L'INDUSTRIE FRANÇAISE. — AU COMMERCE FRANÇAIS,

Lorsque nous avons ouvert la souscription *Richard-Lenoir*, nous avons trouvé dans cet homme honorable toute la dignité des âmes fières, des âmes haut placées; rarement elles consentent à s'avouer vaincues et à montrer leurs blessures; mais nous, juges de la lutte et de son mérite, nous avons persisté, autant pour l'honneur du commerce français que pour soulager des douleurs que n'aurait jamais dû ressentir celui qui dévoua sa vie entière au bonheur et à la prospérité de son pays.

Mais aujourd'hui que les temps commencent à s'éloigner, quelques-uns peut-être se demanderont, se diront :

Qu'est-ce que Richard-Lenoir ?

Qu'a-t-il fait ? Quels sont ses actes ?

Comment a-t-il perdu son immense fortune ?

Comment n'a-t-il pas sauvé le pain de l'avenir ?

Faut-il, enfin, soulager toutes les infortunes ?

Nous répondrons par l'exposé simple et rapide des faits

Qu'est-ce que Richard-Lenoir ?

Le premier manufacturier de France, ainsi proclamé par le ministre de l'intérieur, M. de Montalivet père, dans le rapport qu'il adressa à la Chambre des députés sur la situation de l'industrie française à cette époque.

Quels sont ses actes ? Qu'a-t-il fait ?

La guerre à l'industrie anglaise ! — Après quelques années du travail le plus opiniâtre, il est parvenu à élever sur le sol de la France *quarante-deux établissements-manufactures, exploités par seize mille ouvriers....* Voilà l'armée qu'il a créée pour combattre l'industrie anglaise.

Qu'a-t-il fait ? — Toutes ces manufactures, créées par son seul génie, étaient autant d'écoles pratiques, et c'est enfin à lui que la France doit la conquête de cette industrie qui jusque-là payait d'énormes tributs à l'Angleterre.

Qu'a-t-il fait ? — En 1813, où toutes les transactions commerciales étaient arrêtées, il a conservé le pain de ses ouvriers en épuisant ses ressources pour leur assurer de l'ouvrage. — Ecoutez tous ces hommes de travail et de peine ; ils gémissent quand on leur dit : Richard-Lenoir est pauvre, lui qu'ils nommaient l'homme de la Providence !

Ce qu'il a fait ! Voyons encore. — A Saint-Quentin, les prisonniers espagnols étaient dans la misère la plus profonde; Richard-Lenoir en fut attristé, et des centaines de ces malheureux furent vêtus à ses frais. Interrogez la population de Saint-Quentin, elle en a religieusement gardé le souvenir.

Ce qu'il a fait ! — Des conscrits réfractaires du Calvados se trouvaient sous le coup de la loi, et la loi était sévère ; Richard-Lenoir eut pitié de ces pauvres enfants, et, pour venir à leur secours, il s'adressa au préfet Caffarelli. Il y aurait eu impossibilité pour tout autre que Richard-Lenoir : il fallait, par chaque homme arrêté, quatre mille cinq cents francs de cautionnement; Richard-Lenoir signa l'engagement; mais (honneur à cette brave jeunesse !) pas un seul n'a compromis la reponsabilité du bienfaiteur.

Ce qu'il a fait !— De pauvres religieuses, les dames de la Croix, recevaient de lui, tous les mois, cent francs; il leur a donné cette somme jusqu'au moment où l'Empereur a laissé le trône. — Que sontelles devenues, ces malheureuses femmes ? Elles sont mortes, et sans doute en priant le ciel de verser ses grâces sur l'homme généreux qui eut pitié de leurs déchirantes misères.

Ce qu'il a fait ! — L'église de son modeste village tombait en ruines; il l'a fait relever, et chaque année, pendant tout le temps de sa prospérité, le pasteur recevait de lui trois cents francs pour les pauvres. — Aujourd'hui le pauvre peut encore s'agenouiller et prier Dieu sur la pierre du temple; mais l'aumône? il ne la reçoit plus: la main qui la répandait, le malheur l'a desséchée.

Ce qu'il a fait ! — Combien d'orphelins, d'enfants abandonnés, recueillis dans ses manufactures ! Il les nourrissait, les logeait, les habillait, les faisait instruire; et, leur temps fini, il donnait à chacun un habillement complet et trois cents francs. — Ils sont heureux, ces enfants de la pitié... et lui ? le souvenir du bien qu'il a fait est encore sa plus chère consolation.

Ce qu'il a fait ! — Nous avons vu le Français dévoué à son pays, le grand manufacturier, le cœur de l'homme ; voyons à présent le soldat. — En 1814, colonel de la 8ᵉ légion, aucune dépense ne lui a coûté pour équiper, armer la légion confiée à son commandement et pour assurer la défense de Paris.

Ce qu'il a fait ! — Nos malheureux soldats, blessés, mutilés, jetés dans Paris, sans secours, sans pain, sans asile, pour eux Richard-Lenoir a transformé ses ateliers en hôpitaux ; et là, nos braves trouvèrent asile, secours et la nourriture de l'homme. — Peut-être, sous le chaume, au moment où nous parlons, quelques-uns de ces vieux soldats racontent-ils à leur famille comment et par quelle main ils ont échappé à la mort.

Qu'a-t-elle fait, cette 8ᵉ légion, quand Richard-Lenoir avait l'honneur de la commander ?

Le 30 mars 1814, elle a repris l'artillerie enlevée par l'ennemi. A six heures du soir, elle soutenait encore son feu sur toute la ligne, et pourtant Paris avait capitulé à quatre heures de l'après-midi ; Richard-Lenoir l'ignorait.

Ce qu'il a fait ! — C'est à lui que nous devons de pouvoir saluer encore le glorieux monument de la place Vendôme. En 1815, l'étranger, vainqueur, regardait en souriant cette foule de misérables s'épuisant en vains efforts pour abattre la statue du grand homme et renverser la colonne : Richard-Lenoir parla de la 8ᵉ légion, du faubourg Saint-Antoine ; aussitôt l'étranger devint soucieux, et la tourbe gagée, acharnée sur le beau monument de nos triomphes, s'enfuit pour ne plus reparaître. — Napoléon avait élevé la colonne, l'humble Richard-Lenoir l'a conservée.

Ce qu'il a fait ! — Dans ces temps de douloureux souvenir, les braves officiers de nos glorieuses armées, proscrits, errants, sans moyens d'existence, Richard-Lenoir les appelait, et ils ne souffraient plus... qu'au cœur.

Que de faits généreux n'aurions-nous pas encore à dire s'il fallait raconter toute la vie de cet homme, l'honneur de son pays ! Et qu'a-t-il reçu en échange de tant de dévouement ? La proscription en 1815 : son nom fut porté sur la fatale liste du 24 juillet ; mais il avait seize mille ouvriers ; en comptant trois personnes par famille, c'était à peu près cinquante mille bouches que l'on allait affamer : cela fit réfléchir, et son nom fut rayé.

Comment a-t-il perdu son immense fortune ?

Au 30 mars 1814, Richard-Lenoir avait une fortune de huit millions : cette fortune se représentait, en grande partie, par les produits manufacturés et les cotons bruts qui encombraient ses magasins et ses nombreuses manufactures. Toutes ces marchandises avaient payé au Trésor, pour les droits d'entrée, près de neuf francs par kilogramme. Depuis 1810 jusqu'en 1814, Richard-Lenoir a versé dans les caisses de l'Etat, pour acquitter ce droit, *quatorze millions cinq cent mille francs.*

Le 23 avril 1814, le comte d'Artois supprime les droits ; le 24, Richard-Lenoir était ruiné. Cela s'explique : la baisse sur les cotons, par suite de cette inconcevable mesure, fut incalculable ; enfin l'étoffe qui se vendait huit francs, on n'en voulait plus pour quarante sous. — Le résultat, pour la France entière, de ce premier acte du nouveau gouvernement, fut une perte d'au moins *quinze cents millions.*

Faut-il encore demander comment Richard-Lenoir a perdu sa fortune ?

Comment n'a-t-il pas réservé le pain de l'avenir ?

Richard-Lenoir est un de ces hommes qui ne cèdent pas à l'adversité : il voulut recommencer le combat, et, toujours courageux, après avoir flotté entre le succès et le revers, alternative produite encore par les secousses politiques, il atteignit enfin le moment du repos, si nécessaire après soixante-quatorze années passées dans les agitations de la vie, lorsqu'en mars 1834 le feu dévora sa seule et dernière ressource, la manufacture de Laigle. La faible somme que la compagnie d'assurance eut à payer pour ce sinistre fut engloutie dans cette nouvelle et terrible liquidation.

Voilà comment le pain de l'avenir s'est échappé de ses mains.

Si, en 1814, Richard-Lenoir avait voulu spéculer sur ses propres affaires, il serait riche, très-riche, et en grand honneur, puisque la richesse met en honneur celui qui la possède; mais demandez cela à un honnête homme !

FAUT-IL SOULAGER TOUTES LES INFORTUNES?

Plût au ciel que cela fût possible! Mais il est de ces infortunes qui ne peuvent se comparer; il en est qui deviennent la dette de la société, et que la société doit racheter, et par honneur et par équité.

Le soldat blessé sur le champ de bataille reçoit de l'Etat la croix et la pension; l'homme tombé en combattant tout aussi glorieusement pour l'honneur et la prospérité de son pays ne trouverait-il pour récompense que l'oubli, l'abandon et l'ingratitude de ses concitoyens?

Nous ne le pensons pas !

Le Roi, la Reine, la Famille royale ont voulu paraître à la tête de la souscription.

Le Ministre du commerce, des préfets, des magistrats, se sont fait inscrire.

Des chambres de commerce, des tribunaux de commerce, des citoyens honorables, ont de toutes parts répondu à notre appel.

A Gand, à Anvers, à Bruxelles, notre voix a été entendue.

Pourquoi? Parce que le nom *Richard-Lenoir-Dufresne* est euro-
péen, et que l'exemple qu'il a donné doit être conservé, encouragé,
pour l'intérêt et le bonheur de l'humanité.

Nous avons bien jugé.

> *Signé :* Vavin. — E. Séguier, — D. Ravel. — Champion (petit
> manteau bleu). — Gaussen, jeune. — Alexandre Piot. —
> A. Pommier. — Ch. Hedelhofer. — Perardel. —

Le produit de la souscription, quoique faible (7 à 8,000 fr.),
ranima le courage et les espérances de Richard-Lenoir. Il n'é-
tait pas venu en ce monde pour vivre oisif; il fit marcher de
nouveau quelques métiers, et, malgré son âge, se livra au travail et à la chance des spéculations. Cette activité nouvelle
acheva de miner un corps robuste qu'avaient affaibli les cha-
grins; il mourut le 19 octobre 1839. « Ses obsèques, dit l'au-
teur de sa biographie dans *Portraits et Histoire des Hommes
utiles (Société Monthion et Franklin)*, furent célébrées, le 20
« octobre, avec une pompe toute populaire. Le convoi, parti
« de la maison mortuaire, faubourg Montmartre, était formé
« d'un innombrable concours d'ouvriers qui grossissait à chaque
« pas. Arrivé à la fabrique de Bon-Secours, le cortége s'arrêta,
« selon l'expresse volonté du défunt, qui avait voulu se trou-
« ver une dernière fois parmi les travailleurs dont il avait été
« le père et l'appui. Au centre de ce magnifique établissement,
« les ouvriers avaient élevé un monument d'une simplicité
« pleine de grandeur. Au-dessus du buste de Richard-Lenoir,
« on voyait une statue de Napoléon. Sur la face antérieure du
« piédestal, étaient écrits ces mots : *L'Empereur prête*

« 1,500,000 *francs à Richard-Lenoir*. Sur la face postérieure :
« *Richard-Lenoir marche à la défense de Paris, à la tête de*
« *vingt mille ouvriers fédérés* (¹). »

Ledru-Rollin fut l'interprète de l'opinion publique sur la
tombe du grand manufacturier : « Richard-Lenoir, dit-il, fut
« un industriel de génie, un sincère ami de l'humanité, un pa-
« triote courageux. Industriel, il ouvrit pour la France une
« source de fortune et de prospérité, et l'affranchit du joug de
« l'Angleterre, dont elle était jusqu'alors tributaire. Il fut l'ami
« de l'humanité, celui qui, d'abord ouvrier, nourrit plus tard
« vingt mille ouvriers, dont il ne cessa d'être le compagnon
« modeste, le protecteur et le père. On peut le proclamer enfin
« patriote courageux, l'homme qui, en 1814, à cette époque
« de deuil où tant de lâches défections déshonoraient la
« France, défendait, à la tête des braves ouvriers des fau-
« bourgs, les murs de Paris assiégé, et que la Restauration
« ruinait pour prix de son culte à l'Empereur, qui avait été
« son appui. »

F. Fayot, qui le fait mourir à soixante-dix-huit ans, bien
qu'il donne la date exacte de sa naissance en 1765, écrivait
en 1840 : « Richard, que nous nous rappelons avoir vu à l'é-
« poque la plus active de sa vie, avait la figure ouverte et
« calme ; ses yeux étaient pleins de feu ; ses cheveux grison-
« naient : il les avait eus très-noirs et très-touffus. Sa bouche
« souriante, l'expression forte et douce de son visage, se
« liaient harmonieusement avec un front où brillait la séré-

____

(¹) C'était en 1815, lors de la seconde invasion.

« nité des belles pensées, celles de l'homme de bien. Tout, en
« lui, dénotait le besoin d'une grande activité. Sans posséder
« l'élégance des manières, on voyait qu'il avait ce sentiment
« intime de dignité qui permet de prendre, en toute circons-
« tance, une attitude honorable. Nous n'avons rencontré chez
« personne, d'une façon plus marquée, les traits de l'homme
« intelligent qui doit tout à lui-même. »

Louis Du Bois, qui a connu Richard et Lenoir-Dufresne, à
Alençon, et qui a fait un article sur chacun d'eux dans le *Supplément* de la *Biographie universelle*, finit par les lignes sui-
vantes celui qu'il a consacré à l'homme dont nous avons cher-
ché à faire connaître la vie si laborieuse, si féconde, si honorable : « En résumé, Richard aura toujours le mérite d'avoir
« fondé un grand nombre d'établissements, d'avoir occupé
« durant plus de quinze ans plusieurs milliers de familles,
« d'avoir fait descendre à bas prix un produit nécessaire et
« qui est aujourd'hui mis à la portée des plus pauvres indi-
« vidus. Cet industriel avait un esprit juste et pénétrant, un
« jugement prompt et solide, surtout une grande activité de
« pensée. Il faisait de sa fortune un noble usage, et son dé-
« sintéressement, son patriotisme, l'affection qu'il portait à ses
« employés, à ses ouvriers, lui imposèrent des sacrifices qui
« finirent par causer sa ruine. Doué d'une figure noble, pré-
« venante, d'un organe pur et sonore, conservant beaucoup
« de simplicité et de modestie sans affectation, il plaisait au
« premier coup-d'œil, et commandait la confiance par sa fran-
« chise et sa loyauté. »

Bien des personnes qui ont connu Richard-Lenoir vivent

encore, et toutes confirment ces témoignages. Le silence a pu se faire sur sa tombe, l'oubli peser sur sa mémoire : nous sommes dans un siècle où trop de gens se disputent la célébrité pour qu'elle soit de longue durée. L'humble paysan d'Epinay n'en vivra pas moins dans l'histoire de l'industrie française ; l'exemple de ses luttes patriotiques et désintéressées sera toujours salutaire et digne d'être imité par les chefs du commerce. Ces chefs entreprenants sont trop souvent accusés de ne chercher dans les plus grandes opérations que l'intérêt privé. Richard-Lenoir est le modèle du commerçant que guide l'honneur, du manufacturier qui se fait gloire de nourrir des milliers de familles, du citoyen qui tient moins à sa fortune, à ses succès, qu'aux succès et à la fortune de la France (¹).

La Société d'agriculture de Caen s'est souvenue de Richard-

(¹) Richard-Lenoir, comme les héros dans tous les genres, est le type d'un grand caractère dont tôt ou tard doit s'emparer la littérature. Déjà nous l'avons rencontré comme rôle secondaire dans une pièce du Cirque : l'EMPIRE, *trois actes, dix-huit tableaux,* par MM. Ferdinand Laloue et Labrousse, *musique* de M. Francastel ; *décors* de MM. Philastre et Cambon ; *machines* de M. Sacré ; représenté pour la première fois à Paris, le 15 février 1845. La pièce est faible, comme tous les drames charpentés pour le Cirque-Olympique. — Nous trouvons le paysan d'Epinay comme principal personnage d'un drame intitulé : RICHARD-LENOIR, en trois actes et neuf tableaux (par Remy Quersin), représenté pour la première fois le 25 avril 1863. Si nous en jugeons par un compte-rendu parisien, c'est une vie sommaire de notre héros, avec addition d'un amour malheureux, le tout en style un peu boursouflé. La spéculation s'est trop hâtée. Il paraît qu'elle a cousu à l'œuvre, comme prologue, *l'Auberge du Pont-de-l'Arche,* qui est une superfétation et nuit à l'effet. Après tout, qu'importe un échec sur le théâtre Beaumarchais? Vienne un homme de génie, il trouvera le sujet facile à traiter pour la scène, et fécond en sentiments nobles, généreux et patriotiques.

Lenoir dans une de ses fêtes agricoles, dans le concours de Villers-Bocage, le 7 août 1859. Au banquet qui termina cette fête, des toasts furent portés, des discours prononcés ; M. Morière, professeur à la faculté des sciences de Caen, rappela les principales phases de la carrière du célèbre manufacturier normand, et termina par ces paroles :

« Permettez-moi, Messieurs, de profiter de l'heureuse circonstance qui réunit aujourd'hui à Villers tant d'hommes éminents, dévoués aux intérêts du pays, qui sont fiers de toutes ses gloires et qui savent les honorer, pour émettre le vœu que désormais l'étranger traversant le bourg de Villers puisse lire sur une plaque en marbre qui décorerait encore cette magnifique halle, l'inscription suivante :

« *Richard-Lenoir, créateur de la filature et du tissage mécanique en France, est né à Epinay-sur-Odon, le 16 avril 1765.* »

Dès le 10 août suivant, le conseil municipal de Villers-Bocage, convoqué par le maire, M. Feron, vota des remercîments à M. Morière, qui avait rappelé si à propos les éminents services rendus à la France par Richard-Lenoir ; il vota également une somme de trois cents francs pour l'inscription sur plaque de marbre, ainsi que pour une autre inscription rappelant la construction de la halle en 1859.

Des circonstances, dont nous n'avons pas à rechercher les causes, ont arrêté les effets du vote du 10 août 1859 ; mais tôt ou tard les obstacles seront levés, et l'on nous assure que l'hommage n'en sera que plus éclatant : on ne se contenterait plus d'une inscription ; on parle d'un buste, peut-être même d'une statue.

De tous les honneurs qu'on pouvait rendre au paysan d'Epinay, à l'enfant du peuple, fils de ses œuvres, et l'une des illustrations de l'industrie française, le plus insigne est l'hommage inopiné de l'empereur Napoléon III, lors de l'inauguration du boulevard du Prince-Eugène, le 7 décembre 1862. Nous avons senti battre notre cœur normand, le lendemain de cette solennité, quand nous avons lu, dans le discours de Sa Majesté, le passage suivant sur Richard-Lenoir :

« Je ne saurais dire combien m'a touché ce mouvement
« spontané de la population qui a donné le nom de ma mère
« à l'un des boulevards voisins; mais je ne puis accepter cette
« désignation. Les noms à inscrire sur le marbre ne doivent
« pas être le privilége exclusif de ma famille ; il appartient à
« tous ceux qui ont rendu des services au pays. Ainsi donc
« la nouvelle voie de communication, qui remplace aujourd'hui
« le canal Saint-Martin, s'appellera dorénavant boulevard Ri-
« chard-Lenoir. Quoiqu'il existe déjà une petite rue Richard-
« Lenoir, je désire faire paraître dans un plus grand jour le
« nom de cet homme qui, de simple ouvrier du faubourg
« Saint-Antoine, devint l'un des premiers manufacturiers de
« France, que l'Empereur décora de sa main pour les immen-
« ses progrès qu'il fit faire à l'industrie du coton, et qui em-

« ploya une fortune noblement acquise à soutenir ses ouvriers
« pendant les mauvais jours et à les armer lorsqu'il fallut re-
« pousser l'invasion étrangère.

« Occupons-nous donc de tout ce qui peut à la fois amé-
« liorer la condition matérielle du peuple et élever son moral.

« Plaçons toujours devant ses yeux un noble but à atteindre,
« et l'exemple de ceux qui ont conquis la fortune par le tra-
« vail, l'estime par la probité, la gloire par le courage. »

Avant de quitter la plume, nous devons dire un mot de la
famille de Richard-Lenoir. Ce nom est un de ceux qu'il est honorable de porter, et nous nous sommes enquis de la fortune
et du sort des Richard dont les survivants nous semblent dignes d'intérêt.

Jacques Richard eut quatre enfants : François Richard, dit
Lenoir, né en 1765 ; Louis Richard, né en 1768 ; Jean-Baptiste
Richard, né en 1771, et Jeanne Richard, née en 1774.

Louis et Jeanne ne se sont point mariés.

François Richard épousa, comme nous l'avons vu, en 1790,
mademoiselle Françoise Alavoine, d'Amiens, dont il eut une
fille. Cette fille épousa, en 1813, un frère du comte Charles

Lefèvre-Desnouettes, l'un des plus braves généraux du premier Empire. De ce mariage sont nés un fils et trois filles. On nous assure que ce fils occupe un des premiers grades dans l'armée.

Richard-Lenoir épousa en secondes noces la comtesse de Montholon, qui lui survécut : aucun enfant n'est né de ce mariage.

Jean-Baptiste Richard, le second frère de François, eut trois fils et trois filles. L'un des fils avait de la tête et du cœur de Richard-Lenoir : il possédait Bon-Secours et aimait les ouvriers. Il les fit travailler, à son détriment, quand les autres filateurs fermaient leurs ateliers. En 1848, il était maire du huitième arrondissement de Paris, et, dans un jour d'émeute où des citoyens égarés demandaient sa tête, il offrit sa poitrine à leurs balles et leur imposa par son intrépidité. Il est mort le 24 avril 1859.

Des deux autres garçons, Edouard est veuf, sans enfants. Louis, humble cultivateur à Epinay-sur-Odon, vit péniblement sur la petite terre qui est depuis quatre-vingts ans dans la famille Richard, et sur laquelle François sema les cinq noix dont il a été question au commencement de son histoire. Trois de ces noyers existaient il y a dix ans ; mais les deux plus beaux nuisaient par leur ombrage ; ils furent abattus. Celui qui existe encore doit la vie à sa faiblesse : étouffé, gêné du moins par d'autres arbres, il n'a jamais bien prospéré. Toutefois il donne d'excellents produits. Louis Richard est un homme très-laborieux, très-estimable, membre du conseil municipal de sa commune. Il a un fils de dix-huit ans, fort bon sujet, et une fille de quinze ans. Il ne reste que ce fils pour propager le nom si honorable de Richard.

Des trois sœurs de Louis, l'une (Justine), veuve de Jacques Vasnier, demeure à Saint-Georges-d'Aulnay, où elle a marié sa fille unique ; la seconde (Modeste) a épousé Pierre Marc, meunier à Vieux : ils ont un fils ; la troisième (Zoé), veuve de Jacques Pellevey, a une fille de seize ans, et demeure à Long-villers.

Ces détails de famille finissent un peu sèchement une biographie où plus d'un épisode nous semble d'un intérêt vif et général ; mais ils témoignent de notre scrupuleuse enquête sur l'homme étonnant que l'Empereur nous a fait désirer lui-même de mieux connaître. Nous remercions, en terminant, les personnes qui, grâce aux réponses qu'elles ont faites aux questions que nous leur avons adressées de vive voix ou par écrit, ont affermi nos pas et rendu notre tâche moins difficile.

NOTE BIBLIOGRAPHIQUE.

Nous avons parlé des *Mémoires* publiés par Richard-Lenoir deux ans avant sa mort. En voici le titre exact :

MÉMOIRES DE M. RICHARD-LENOIR, *ancien négociant, manufacturier, et chef de la 8ᵉ légion de la Garde nationale de Paris. — Renfermant des détails curieux sur l'histoire de l'industrie cotonnière.—Sous Louis XVI, le Directoire, la République, l'Empire et la Restauration. — Indiquant l'établissement en France des premières filatures de laines peignées et filées par le système des machines dites* mull-jenny, *contenant également ses rapports manufacturiers et commerciaux avec les principaux personnages de l'Empire, et l'influence exercée sur le système continental et prohibitif des marchandises anglaises.* Paris, Delaunay, 1837, in-8°, tome Iᵉʳ, de VIII et 424 pages.

Ce premier volume n'eut point de succès, et le second n'a jamais paru.

Richard-Lenoir n'a point fait cet ouvrage : rien de plus évident ; mais il est évident aussi qu'il fut écrit sous son inspiration, d'après ses propres récits, et qu'il en approuva la rédaction. En témoignage, nous pourrions citer les exemplaires qu'il envoya à sa famille et à ses amis avec *ex dono* de sa main.

Qui tint la plume pour Richard-Lenoir ? ou plutôt qui paraphrasa, à la Malitourne (¹), les faits racontés sans doute avec simplicité par le vieux paysan d'Epinay-sur-Odon ? Ce fut, nous le pensons, Herbinot de Mauchamps, dont le nom se lit à la fin de l'introduction adressée *au commerce*. Voici quelques phrases du début de cette introduction :

« Sous les anciens rois de France, l'*industrie manufacturière* ne fut jamais considérée comme une puissance dans l'Etat ; et il devait en être ainsi, car alors la noblesse, le clergé et la bourgeoisie, qu'on nommait aussi le tiers-état, composaient seuls les trois pouvoirs du royaume.

« Autrefois *la fabrique,* renfermée dans quelques villes du Midi et presque entièrement bornée aux tissus de soie, n'offrait aucune de ces grandes entreprises qui remuent des millions et font vivre des centaines de mille hommes.

« Ce ne fut qu'après la révolution de 1789 qu'il se fit également, pour ainsi dire, une révolution dans l'emploi des étoffes, et par conséquent dans la fabrication.

« Les tissus de coton, primitivement inconnus ou bornés à un usage

---

(¹) On sait que Malitourne rédigea les *Mémoires d'une Contemporaine,* que suivirent bientôt tant de Mémoires supposés : ceux du cardinal Dubois, de Gabriel d'Estrées, de madame de Montespan, de madame Dubarry, de madame de la Vallière, de Brissot, de Fouché, de Robespierre, de Louis XVIII, d'une femme de qualité, d'un forçat, d'un médecin, d'un apothicaire, etc., etc.

exceptionnel, prirent un accroissement rapide, et furent bientôt substitués aux toiles et aux étoffes de lin.

« Les Anglais, éminemment industriels et manufacturiers, hommes de haut commerce et fabricants actifs, comprirent les immenses avantages qu'ils pouvaient retirer des cotons que leur fournissaient à profusion leurs possessions dans l'Inde.

« D'abord ils filèrent le coton au numéro le plus élevé, ensuite ils fabriquèrent avec une rare perfection des étoffes belles à l'œil, gracieuses au toucher, solides et d'un prix élevé. Enfin ils inondèrent le continent de ces nouveaux produits de l'industrie cotonnière et se procurèrent ainsi des bénéfices énormes.

« La France fut un des premiers États de l'Europe qui adopta l'usage des étoffes de coton, et fut par conséquent celui qui paya le tribut le plus considérable à l'Angleterre. Vainement le gouvernement se persuada que ce n'était qu'une mode qui passerait bientôt : il n'en fut point ainsi, et, malgré toutes les prohibitions qu'il prononça contre l'introduction des tissus de coton, la contrebande trompa ses douanes, et la consommation continua dans une progression toujours croissante.

« Certes, si l'on eût dit aux économistes de cette époque : « L'homme « qui viendra mettre un terme au monopole de l'Angleterre est un jeune « paysan, né en 1765 au fond de la Normandie ; pour toute instruction, « il sait lire, écrire et compter, comme on l'apprend dans une école de « village et en payant deux sous par semaine ; mais cet homme qui s'appelle *Richard* a une tête vaste et bien organisée ; l'amour de la patrie « est gravé dans son cœur, et il possède une volonté ferme et puissante « que rien ne décourage, que rien n'abat... » certes, ils n'eussent point voulu le croire, ces savants théoriciens de la haute industrie, et cependant il en fut ainsi. »

A ce début raisonnable succèdent des déclamations et des phrases à effet comme celle-ci : « Des masses d'hommes, landes et bruyères vivantes, terres incultes de l'humanité, sont ensemencées et produisent. » Ce style défigure trop souvent l'ouvrage, et recouvre des inexactitudes que Richard-Lenoir n'a pas relevées, offusqué peut-être par la fumée de l'encens qu'on lui faisait allumer pour lui-même.

Au rang des pièces que nous avons en vain cherchées avant d'écrire la Vie de Richard-Lenoir, se trouve sa *Lettre à M. Juge* ; Paris, imprimerie de Decourchant, 1829, in-4° de douze pages. Citée dans le 12ᵉ volume de *la France littéraire*, elle doit exister quelque part. Nous rendrions bien hautement grâces à celui qui nous la ferait connaître.